KB219772

만주 항일무장투쟁의 신화

김좌진

만주 항일무장투쟁의 신화 김좌진

| **이성우** 지음 |

글을 시작하며

백야 김좌진.

우리나라 사람이면 모르는 이가 없을 정도로 널리 알려진 독립운동가이다. 김좌진하면 청산리대첩, 청산리대첩하면 만주독립운동이 자연스럽게 연상될 정도로 '청산리대첩의 영웅'으로 자리 잡고 있다. 청산리대첩은 일제 식민지배로 신음하고 있던 우리 민족에게 전쟁을 통해 독립할 수 있다는 자신감을 심어준 대표적인 전투였고, 김좌진이라는 영웅을 탄생시켰다. 하지만 청산리대첩이 김좌진의 항일투쟁 대명사처럼 인식되다 보니, 그 외의 활동에 대해서는 주목받지 못한 측면이 있다.

필자가 김좌진 열전을 집필하게 된 계기는 2004년 충남대학교 충청문화연구소가 주최하는 학술대회에 '백야 김좌진의 국내민족운동'이라는 주제로 발표를 의뢰받으면서였다. 발표를 의뢰받는 자리에서 필자는 '불가능할 것'이라는 뜻을 전했다. 김좌진은 만주항일투쟁의 상징적인 인물로서 이미 많은 연구들이 축적되어 더 이상 새롭게 밝힐 것이 없으리라 여겼기 때문이다. 하지만 의외였다. 김좌진과 관련된 연구는 그가 만주에서 활동했던 독립운동단체와 청산리대첩에 집중되어 있었다. 국내 민족운동은 일부 언급되기는 했으나 전무하다시피 했다. 국내 활동은 자료가 많지 않았고, 사실의 진위여부를 판단하는 것도 상당히 어려웠다. 이런 이유 때문인지 김좌진에 대한 연구는 만주에서의 활동에 초점이 맞추어져 있었고, 국내 민족운동은 상대적으로 평가를 받지 못하고 있었다. 이러한 면을 중점적으로 다루어 다행히 논문을 발표할 수 있었고, 이를 계기로 열전 집필이라는 행운을 얻을 수 있었다.

김좌진은 1889년 홍성의 안동 김씨 명문가에서 태어났다. 그의 집안은 부호이기도 했다. 따라서 안락한 삶을 영위하며 일생을 편안하게 살 수 있었음에도 김좌진은 험난한 독립운동가의 길을 선택했다. 그는 집안의 노비를 해방시키고, 호명학교를 세워 교육구국운동을 펼치며 민족운동의 첫걸음을 내딛었다. 신민회 인사들과 교류하며 계몽운동 단체에 참여해 국권회복운동을 전개했으며, 일제 강점 후에는 만주에서 독립운동을 전개하기 위해 자금을 모집하던 중 체포되어 투옥되었다. 김좌진은 투옥되었다 풀려난 후 1910년대 국내 독립운동단체인 광복회에 참여했다. 광복회에서 자금 모집에 주력하던 김좌진은 1917년 광복회 부사령의 임무를 맡고 만주로 파견되었다. 만주 항일무장투쟁의 출발이었다.

김좌진은 1919년 2월 만주 길림에서 대한독립선언서에 민족지도자로 서명하면서 만주항일투쟁을 시작했다. 대한독립의군부 후신으로 조직된 길림군정사에 참여했으며, 서일의 연합 제의에 따라 대한정의단에 합류했다. 대한정의단은 1919년 12월 대한민국임시정부 명령에 따라 명칭을 대한군정서로 바꾸고 임시정부 군사기관에 소속되었다. 김좌진은 대한군정서 사령부를 맡아 사관연성소를 설치하고 엄격한 군기와

규율로 대한군정서군 양성에 주력했다. 대한군정서군은 정예부대로 육성되었고, 김좌진은 이들을 이끌고 1920년 10월 백운평·천수평·어랑촌·맹개골·만기구·쉬구·천보산전투에서 일본군을 연파하고 청산리 대첩을 승리로 이끌었다.

1922년 8월에는 대한독립군단을 조직하고 군사부위원장을 맡았으며, 1925년 3월에는 북만주 한인들을 이끌며 독립운동을 전개하기 위해 신민부를 조직했다. 1928년 12월에는 혁신의회를 결성해 민족유일당운동을 벌였고, 다음해 7월에는 아나키즘을 받아들여 한족총연합회를 결성해 북만지역 독립운동계를 이끌었다. 그러나 시련도 많았다. 대한군정서 총재이자 동지였던 서일의 순국을 지켜보기도 했으며, 자유시 참변으로 많은 동지들의 희생을 감내해야 했다. 신민부 시절에는 일제의 공격을 받아 중앙집행위원장을 비롯한 신민부 간부들이 체포되는 일을 겪기도 했다.

이처럼 김좌진은 1920년대 만주항일투쟁의 현장에 있었다. 대한민국임시정부 국무위원이 되어 상해로 떠날 수도 있었지만, 그는 만주를 고집했다. 조국의 독립은 독립군 양성을 토대로 일제와의 전쟁을 통해서만 달성될 수 있으며, 독립군을 양성해 국내로 진격할 수 있는 최적지가 만주라 여겼기 때문이다. 김좌진이 항상 '독립군 양성과 항일무장투쟁'을 최고의 목표로 삼았던 것도 같은 이유이다. 때론 무장투쟁론이 갈등을 빚기도 했다. 대한군정서가 일본군의 간도 출병으로 근거지를 이동해야 했을 때, 총재 서일은 '아직 일제와 독립전쟁을 벌일 시기가 아니며, 북만 오지奧地로 이동해 후일을 도모하자'고 했다. 하지만 김좌진은 독립전쟁에 대한 뜻을 굽히지 않고 사령부를 이끌고 청산리로 이동해 항일무장투쟁을 벌였다. 일제에 의해 신민부 간부들이 체포되었을 때도 적극적인 무장투쟁을 주장하며 '군정파'를 이끌었다. 북만지역에 공산주의세력이 확대되면서 동포들이 신민부에서 이탈할 때도 '항일무장투쟁'에 대한 신념에는 변화가 없었다. 김좌진은 독립군 양성, 군비확충, 국내진격작전 등을 끊임없이 추진했다.

김좌진은 무장투쟁을 중시했지만 대책 없이 군사활동에만 주력한 것은 아니었다. 그는 한인사회 안정화에도 노력을 아끼지 않았다. 항일무장투쟁의 기반은 재만 한인사회였고, 한인사회의 안정 없이는 무장투쟁도 불가능하다고 판단한 결과였다. 김좌진은 재만 동포들의 생활기반 마련을 위해 생활 개선·영농방법 개선·실업 장려 등 동포들의 경제적 부흥을 위한 활동을 지속적으로 추진했다. 한족총연합회 시절 동포들로 하여금 자치조직을 결성케 하고 경제적 이익을 증진시키고자 했던 것도 재만 동포들의 생활 안정을 가장 시급한 문제로 여겼기 때문이다. 김좌진은 교육사업에도 심혈을 기울였다. 그의 민족운동이 호명학교 설립에서 출발했듯이 교육사업에 대한 열정은 남달랐다. 김좌진은 신민부와 한족총연합회 시절, 50여 개의 학교를 세워 한인자제들을 교육했다. 교육사업은 한인자제들에게 항일의식과 민족의식을 심어줄 수 있는 가장 효과적인 방법이었고, 동포들의 바람이기도 했다.

김좌진은 항일무장투쟁을 고집했지만 사상적으로는 유연했다. 그 어느 곳보다도 보수적 성격이 강한 홍성, 척사론과 절의론이 집안의 전통이었던 안동 김씨 문중에서 태어났지만, 계몽사상을 받아들이는 데 주저하지 않았다. 전통적인 유학적 기반 위에 계몽운동가의 길을 걷고자 했던 것이다. 만주 망명 이후에는 대종교적 민족주의를 받아들였고, 공화주의 노선을 추구했다. 복벽주의를 주장했던 단체들과 연합해 대한독립군단을 결성하기도 했고, 공산주의세력과 연합해 민족유일당운동을 벌이기도 했다. 조국의 독립과 항일투쟁을 위해서는 이념이나 사상은 크게 문제되지 않았던 것이다. 민족주의를 잠시 유보하고, 아나키즘을 받아들여 한족총연합회를 결성한 것도 같은 맥락이다.

백야 김좌진. 평생을 조국의 독립을 위해 투쟁했던 민족운동가요, 교육가요, 항일혁명가였다. '조국의 독립'은 그가 세운 가장 큰 가치였고, 어떠한 상황에서도 '민족'을 우선했다. 1920년대 만주항일투쟁의 중심에는 항상 그가 있었다. 암울했던 일제강점기 우리 민족에게 전쟁을 통해 '독립'할 수 있다는 자신감을 심어준 이도 그였다. 김좌진을 언급하지 않고 만주항일무장투쟁을 말할 수 없는 이유이다. 세상이 혼란할수록 사람들은 영웅을 그리워하고 사회지도층 인사들에게 '도덕적 의무와 책임'을 기대한다. 안동 김씨 명문가 부호 집안에서 태어나 현실과 타협하지 않고 험난한 민족운동가로서의 삶을 살았던 그가 그리워지는 이유이다.

열전을 마무리하며 김좌진의 항일투쟁 역사와 독립에 대한 열정을 제대로 담아냈는지 두려움이 앞선다. '삼천리 금수강산을 짓밟고 있는 왜놈을 몰아내겠다'며 험난하고 외로운 만주벌판을 달렸던 그의 삶, 그의 꿈을 담아내기에는 필자의 역량이 너무나 부족했다. 평생을 조국의 독립과 민족을 위해 헌신한 그의 공적에 흠을 내지만 않았으면 하는 작은 바람을 가져볼 뿐이다.

이 책의 집필과정에서 많은 분들의 도움을 받았다. 청산리대첩을 비롯해 김좌진이 활동했던 독립운동단체에 대한 선학연구들의 도움을 많이 받았다. 집필 규정상 일일이 전거를 언급하지 못한 것이 송구스러울 뿐이다. 2010년 발행된 박환 교수님의 『김좌진 평전』의 도움도 컸다. 원고 제출이 늦어졌음에도 독촉하지 않고 기다려 주신 한국독립운동사연구소와 사진자료를 선정해 주신 김형목 선생님께 감사드린다. 교정 보느라 애써준 후배 이양희와 매끄럽지 않은 원고를 멋진 책으로 만들어준 역사공간 선생님들께도 감사의 마음을 전한다.

2011년 11월

이 성 우

차례

01 안동 김씨 명문가에서 태어나 국권회복운동을 전개하다

안동 김씨 명문가에서 태어나다

1920년 10월 21일 오전 9시. 만주지역 한인 독립군 부대를 토벌한다는 명목으로 간도를 침략한 일본군 야마다보병연대山田步兵聯隊는 야스가와安川 소좌가 이끄는 전위부대前衛部隊를 앞세우고, 화룡현 청산리 백운평 골짜기로 들어오고 있었다. 백운평의 깎아지른 듯한 절벽을 지나 빈 터에 들어서자 대한군정서군의 소총 600여 정, 기관총 4정, 야포野砲 2문의 화력이 일본군의 머리 위로 쏟아지기 시작했다. 일본군 전위부대 200여 명은 손 쓸 틈도 없이 전멸했다. 한국 독립운동사에서 가장 빛나는 청산리대첩이 시작된 것이다. 그곳에는 대한군정서군과 이를 지휘하는 사령관 김좌진金佐鎭이 있었다.

김좌진은 1889년 음력 11월 24일 홍주군 고남하도면 행촌리(충남 홍성군 갈산면 행산리)에서 태어났다. 본관은 안동安東, 자는 명여明汝, 호는 백야白冶이다. 그는 아버지 김형규金衡圭와 어머니 한산 이씨 사이에서 둘째 아들로 태어났다.

그가 태어난 홍성은 충남 서북부지역의 정치적 중심지로, 이이李珥－송시열宋時烈－권상하權尙夏－한원진韓元震으로 이어지는 기호학파畿湖學派의 중심지이기도 했다. 한원진의 학문적 영향을 받은 김복한金福漢·이설李偰 등이 척사론斥邪論과 절의론節義論을 바탕으로 봉기한 홍주의병은 홍성지역의 척사적 성격을 잘 보여준다. 김좌진은 이러한 홍성의 안동 김씨 문중에서 태어났다.

김좌진

김좌진 집안은 홍성의 명문가였다. 그의 11대조는 병자호란 때 우의정으로서 빈궁과 원손을 수행해 강화도에 피난 갔다가 강화성이 함락되자, 순절하며 화의를 반대한 문충공文忠公 김상용金尙容이다. 김상용의 셋째 아들인 수북공水北公 김광현金光炫이 홍주목사를 지낸 후 홍주에 거주하기 시작했고, 후손들은 그의 호를 따서 수북공파라 하였다. 수북공파는 처음 홍성 갈산으로 들어왔기 때문에 일명 '갈산葛山 김씨'라고도 불린다.

김좌진 가문은 한말 일제강점기의 대표적인 민족운동가를 다수 배출했다. 갑신정변의 주역인 김옥균金玉均도 그의 문중 출신이다. 김옥균은 홍종우에 의해 암살되고 사지가 찢기는 참변을 당했으나, 개화사상 형성에 기여한 근대화의 선각자이자 혁명가로 평가되고 있다. 또한 일제

복원된 김좌진 생가

강점기 홍성의 사회운동을 주도했던 김연진金淵鎭, 한국 아나키즘운동의 대표적 인물인 김종진金宗鎭도 그의 가문이다. 김연진은 홍성지역 사상 단체인 무공회無空會 집행위원, 홍성청년회와 홍성노동조합에 참여해 홍성지역 대중운동을 이끌었던 이였다. 그는 신간회 홍성지회 총무간사를 지냈고, 신간회 복대표대회 임원을 역임하기도 했다. 그의 동생인 김종진은 1920년대 후반 김좌진과 함께 북만지역에서 독립운동을 함께 했던 동지이기도 하다. 김종진은 운남군관학교를 졸업하고, 1929년 7월 재만조선무정부주의자연맹 대표를 지내며 신민부를 개편했다. 같은 해 7월에는 한족총연합회를 결성해 집행위원을 역임하기도 했다. 그리고

생가 옆에 건립된 백야 김좌진 기념관

임시정부 의정원과 의열단에서 활동했던 김우진金宇鎭도 그의 가문이다. 김우진은 대한민국임시정부 의정원 의원, 임시정부 후원조직인 대한청년동맹회 감찰위원을 역임했고, 김원봉金元鳳이 이끄는 의열단의 간부였다. 이들은 모두 김좌진과 족친族親간으로 김옥균 외에는 모두 홍성 출신이다.

김좌진 집안은 홍성의 부호이기도 했다. 과장이 있기는 하겠지만 90여 칸의 집과 50여 명의 노비를 거느렸다는 이야기가 있을 정도다. 그러나 김좌진의 유년시절이 유복한 것만은 아니었다. 아버지 김형규가 1892년 3월, 28세의 젊은 나이로 세상을 떠났기 때문이다. 형 경진景鎭

이 9살, 좌진이 3살, 동생 동진東鎭은 태어난 지 넉 달도 되지 않은 때였다. 따라서 아버지의 정을 느끼지 못한 채 홀어머니 밑에서 자랐다. 더욱이 형 경진이 족숙族叔인 김덕규金德圭의 양자가 되어 서울로 떠난 후부터는 가장으로서 집안을 떠맡게 되었다. 어린 나이였지만 가문의 전통을 잇고, 대부호의 살림을 꾸려나가야 하는 책임이 그에게 주어졌던 것이다.

집안에서 김좌진에게 거는 기대도 컸다. 특히 할머니 평산 신씨는 남편 김병태金炳泰가 1872년 23세의 젊은 나이에 세상을 떠나고, 후사가 없어 양자로 들인 김좌진의 아버지 김형규마저 28세로 요절하는 등 남편과 아들이 모두 20대에 죽음을 맞는 비운을 겪어야 했다. 그렇다보니 늘 김좌진의 건강이 큰 걱정거리였고, 더불어 장손에게 거는 기대도 컸다.

김좌진은 평범한 아이가 아니었다. 유년시절에 대한 일화 대부분은 체력단련이나 무술연마, 병정놀이와 관련된 것들이 많다. '송아지를 번쩍 들어 던졌다든지, 장정들도 들기 힘든 돌을 공깃돌처럼 가지고 놀았다'는 것은 믿기 힘들지만, 그가 어린 시절부터 힘이 장사였음을 말해준다. 그는 글공부보다는 활쏘기·말타기·병정놀이를 즐겨하는 아이였다. 김좌진이 유년시절 병정놀이를 즐겨했던 이유는 서당에서 『통감』을 배우던 중 '글은 성명을 적는 것만으로 족하다書足以記姓名而已'는 구절을 통해 깨달은 바가 있었기 때문이었다. 이는 『사기』에 나오는 항우項羽의 고사로 '학식만 내세우지 말고, 지식보다는 행동을 중시하라'는 것이었다. 즉 그는 '책 속에 묻혀 있기보다는 행동을 중시하라'는 뜻을 깨달은

김좌진 생가와 갈산지역 전경

것이다. 이 고사는 항우가 지략이 없어 40만 대군을 거느리고도 10만의 유방劉邦에게 패하면서 무武 뿐만 아니라 문文의 중요성도 일깨운 고사이기도 하다. 그래서일까 김좌진은 어렸을 때부터 지략을 겸비한 아이였다. 그는 영웅호걸의 이야기와 병서들을 즐겨 읽었다. 송상도의 『기려수필』 김좌진조를 보면 '김좌진은 『삼국지』·『수호지』를 통달할 정도로 읽었으며, 군사학에 관련된 책들을 탐독했다'고 한다. 『손오병서孫吳兵書』·『육도삼략六韜三略』 등도 즐겨 읽었던 책들이었다. 그래서인지 김좌진은 어릴 적 '삼국지 선생'으로 불렸다고 한다. 아마 1920년 청산리전투에서 큰 승전을 거둘 수 있었던 배경에 『삼국지』나 『수호지』와 같은 서적에서 배운 지략이 크게 작용했을 것이다. 김좌진은 영웅호걸 이야기에 심취했고, 친구들과 어울리며 병정놀이와 무술연마를 즐겼던 아이였다.

그러나 호전적인 성격 이면에는 약한 자를 도와야 한다는 생각이 항상 자리 잡고 있었다. 그는 병정놀이에서 대장노릇을 할 때 대장기에 항상 '억강부약抑强扶弱'이라고 썼다고 한다. '강한 것은 누르고 약한 것은 돕는다'는 뜻을 유년시절부터 갖고 있었던 것이다. 그는 남루한 옷을 입은 친구를 보면 자신의 옷과 바꿔 입었으며, 걸인을 보면 밥을 먹이고 자신의 옷을 입혀 보냈다고 한다. 길에서 만난 강도에게 술을 사주었다든지, 씨름판에서 탄 황소를 양보했다는 이야기들은 약자에게는 늘 관대한 그의 모습을 보여주는 대목이다. 흔히 '김좌진'하면 만주무장투쟁의 대명사처럼 강직한 모습만이 연상된다. 하지만 약자들에게는 언제나 자애로운 이였다. 그가 만주항일투쟁을 펼치며 부하들과 동포들에게 보여주었던 애정은 유년시절부터 갖고 있었던 '억강부약'의 실천이었다.

김좌진은 네다섯 살부터 글공부를 시작했으며, 여덟 살 무렵에는 한문사숙에 다녔다. 김좌진에게 한문사숙 시기는 인생의 큰 전환점이었다. 그가 민족문제에 관심을 갖기 시작한 것이 한문사숙 선생이었던 김광호金光浩와 그의 조카인 김석범金錫範을 만나면서부터이기 때문이다. 김광호는 세상을 보는 지식과 인격을 갖춘 것은 물론이요, 시국을 한탄하며 비분강개할 줄 알았다. 글공부에 관심이 없던 김좌진이 한학漢學을 수학한 것도 바로 그의 노력 덕분이었다. 김광호에게 보낸 편지인지는 확실치 않으나 독립기념관에는 1901년 김좌진이 스승에게 보낸 편지가 남아있다. 1901년이면 김좌진이 12살이었다. 그러나 필체뿐만 아니라 내용 또한 12살 아이가 썼다고는 믿어지지 않는다. 김좌진의 행적과 비교해도 1901년의 행적과는 차이가 있다. 하지만 편지 작성시기가 1907년 이후이면 김좌진의 행적과 일치한다. 노비해방을 단행하고 서울로 올라와 새로운 학문을 접하고 느끼는 감정을 적었다고 볼 수 있기 때문이다. 작성시기에 대한 논란이 있을 수 있으나 내용을 소개하면 다음과 같다.

> 오랫동안 소식을 듣지 못하였으니 덕을 사모하는 저의 마음이 날마다 더욱 깊어만 갑니다. 서늘한 가을 기운이 들판에 들어와 만물이 이미 모두 이루어졌습니다. 이러한 때에 삼가 그립고 서글픈 마음이 평소보다 곱절이나 됩니다.
>
> 요즈음 병을 조리하고 계신 가운데 기운은 신의 도움을 받아 건강을 회복하셨는지요? 큰아드님의 병도 치유되어 곁에서 잘 시중들고 있는지요? 상사上舍 댁의 크고 작은 모든 일들도 모두 다 복을 받아 편안하신지요? 이 모든 것들을 멀리에서 궁금해하고 염려하는 저의 간절한 마음을 어찌할 수가 없습니다.
>
> 저는 부모님을 봉양하는 일이 다행스럽게도 아무 문제가 없습니다. 그러나 타향에 새로 살림을 마련하는 데 다리를 뻗고 머물 만한 집도 없고, 송곳을 꽂을 만한 토지도 없으며, 앞으로 변통해 나갈 방도도 묘연하기만 합니다. 이러한 저의 처지는 세상 사람들이 말하는 진퇴양난進退兩難의 경우에 해당한다고 할 만합니다. 게다가 공부는 묵은 습관의 병을 치료할 만한 좋은 방도도 얻지 못하였는데 새롭게 깨닫는 것이 있기를 어찌

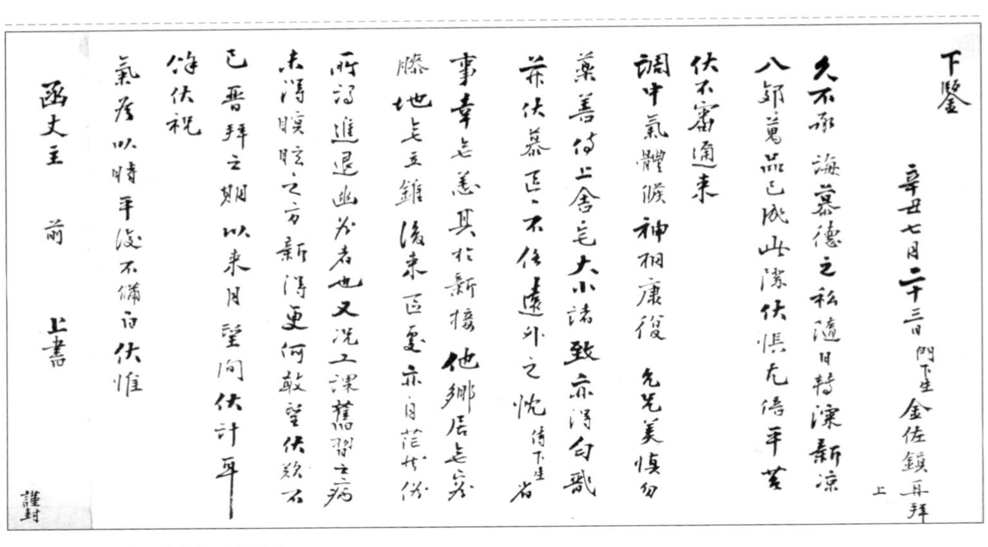

김좌진이 1901년 스승에게 보낸 편지

바랄 수 있겠습니까. 삼가 그지없이 탄식할 뿐입니다.

찾아뵐 날은 다음 달 보름쯤으로 생각하고 있습니다. 삼가 건강 회복하시기를 바랍니다. 예를 다 갖추지 못하고 아룁니다. 삼가 바라건대 살펴봐 주십시오.

신축(1901) 7월 23일에 문하생 김좌진은 두 번 절하고 편지 올립니다.

김광호와의 인연은 자연스레 김석범과의 만남으로 이어졌다. 김석범은 고향인 홍성을 떠나 여러 해 동안 서울에서 생활하면서 계몽의식을 갖게 되었고, 당시 시국에 대해 자세히 알고 있었다. 김좌진은 김석범을 통해 대한제국이 처한 상황을 알 수 있었고, 이로 인해 민족문제에 관심

홍주의병 전투지(홍주성 조양문)

홍주의병 전투지(홍주성 성곽)

을 갖기 시작했다. 김석범은 김좌진의 계몽의식에도 영향을 미쳤다.

김복한

김석범은 이후 김좌진이 호명학교를 세워 교육운동을 전개할 때 많은 도움을 주었으며, 1910년대에는 독립운동을 함께 했다. 독립운동의 동지적 관계가 여기서부터 시작되었던 것이다. 김석범은 김좌진에게는 신학문의 선생이요, 선배 계몽운동가였으며, 의기투합한 동지였다.

민족문제에 관심을 갖기 시작한 김좌진에게 항일의식을 품게 한 사건이 일어났다. 바로 홍주의병이다. 김좌진이 태어난 홍성은 한말 일제의 침략에 맞서 항일투쟁을 치열하게 전개했던 홍주의병 봉기지이다. 19세기 말 조선은 역사적 변동기였다. 1876년 이른바 강화도조약이라는 불평등 조약을 체결하고 개항함에 따라 조선은 세계자본주의 체제에 편입되었고, 일제의 침략으로 민족적 위기가 높아졌다.

일제는 1894년 청일전쟁에서 승리한 후 조선을 군사적으로 장악하기 시작했으며, 1905년 러일전쟁 승리 후에는 을사늑약을 강제로 체결하고 통감정치를 실시했다. 홍주의병은 이러한 일제의 침략에 맞서 무력으로 항전했던 대표적인 의병전쟁이었다.

홍주의병은 홍성·예산·청양 등 충남 서북부지역(홍주문화권)을 중심으로 전개된 대규모 항일무장투쟁이었다. 홍주의병은 1896년과 1906

1919년 파리장서 운동으로 옥고를 치른 후의 김복한(앞 줄 가운데)

년 두 차례에 걸쳐 봉기했다. 1896년 홍주의병은 을미사변 후 친일내각의 개화정책에 반대해 일어났다. 청양과 홍성 일대의 유생들은 단발령이 내려지자 일제와 매국적 개화정권에 맞서 의병을 일으켰다. 하지만 관찰사 이승우의 배반으로 실패했다. 이로 인해 김복한金福漢 · 이설李楔 · 안병찬安炳瓚 등 주도자들이 체포되어 옥고를 치러야 했다. 홍주지역 민중들의 항일투쟁은 1906년에도 이어졌다. 홍주의병은 1906년 3월 민종식閔宗植을 총수로 예산군 광시에서 봉기했으나 일본군의 공격으로 패했다. 그러나 이에 굴하지 않고 같은 해 6월에 다시 봉기해 홍주성을 점령하고 일본군을 처단하는 전과를 올렸다. 하지만 일본군 보병 2개 중대의 공격으로 수백 명이 전사하는 참사를 당하고 말았다.

홍주의병이 봉기했던 1906년은 김좌진이 17세 되는 해였다. 이때는 이미 집안의 노비를 해방하고 교육구국운동을 준비하며, 민족문제에 관심을 갖기 시작했던 때였다. 그는 홍주의병의 홍주성전투와 일본군이 의병과 민간인을 학살하는 것을 목격했다. 비록 의병에 참여하지는 못했으나 청소년기를 지나면서 지켜보았던 홍주의병의 치열한 항일투쟁은 김좌진의 항일의식 형성에 적지 않은 영향을 미쳤을 것이다. 또한 일본군에게 무참히 죽임을 당한 홍주의병의 처참함은 서양문물을 받아들여 부국강병을 이룩해야 한다는 계몽의식을 갖고 있었던 김좌진에게 실력양성 뿐만 아니라 무장투쟁의 중요성을 깊이 깨닫게 했다. '의병을 넘어서는 군사력', 김좌진은 이것을 터득했던 것이다.

가문에 이어지는 척사적 전통도 김좌진의 항일의식 형성의 배경이었다. 그의 가문은 병자호란 때 척화를 주장했던 김상용·상헌尙憲 형제의 의리론과 척화론이 전통으로 내려오고 있었다. 이러한 사상적 전통은 홍주의병의 사상적 배경이기도 했다. 김좌진은 홍주의병의 총수였던 김복한에게 가르침을 받으면서 가학家學의 전통을 배울 수 있었다.

김복한은 안동 김씨 수북공파 대종손으로, 호서유림의 대표적인 인물이다. 그는 홍주의병의 총수였으며, 호서지역에서 파리장서운동을 독자적으로 전개했던 민족운동가이다. 김복한은 우부승지右副承旨로 고종을 보필하던 중 1894년 개화파가 정권을 장악하자 관직을 사직하고 낙향했다. 그는 1895년 을미사변이 일어나고 단발령이 공포되는 등 일제의 침략정책이 노골화되자 반개화·반침략을 기치로 내걸고 홍주의병을

김복한 생가터

김복한 생가터 앞 표지석

일으켰다. 그러나 의병봉기는 실패했고, 총수였던 김복한은 투옥되어 옥고를 치러야 했다. 이후 김복한은 1905년 을사늑약이 체결되자 이식李侙과 함께 상경해 을사오적의 처벌과 일제를 몰아내야 한다는 상소문을 올렸다가 투옥되었다. 그는 감옥에서 풀려난 후 홍성으로 내려와 안병찬 등에게 의병을 일으킬 것을 독려했다. 그러나 민종식을 중심으로 한 홍주의병이 일제의 탄압으로 실패하면서 또다시 공주 감옥에 투옥되었다.

하지만 두 차례에 걸친 투옥에도 그의 구국의지는 꺾이지 않았다. 3·1운동 후에는 유림들의 뜻을 모아 파리강화회의에 조선의 독립을 알리는 파리장서운동을 펼쳤다. 김좌진은 전 생애를 국권회복을 위해 항일투쟁을 주도했던 김복한에게 가르침을 받으면서 김좌진은 가문의 전통인 의리정신과 민족수호정신을 배울 수 있었다. 김좌진은 계몽의식을 갖고 있었으나, 전통질서와 사상을 지키면서 항일투쟁을 펼쳤던 홍성지역의 사상적 전통을 잇고 있었던 것이다. 따라서 김좌진이 계몽운동을 전개했다고 해서 그를 단순히 계몽운동가로 평가하는 것은 잘못이다. 김좌진은 의병과 계몽운동을 통합하려는 노선을 갖고 있었다고 할 수 있다.

노비를 해방시키고 교육구국운동을 펼치다

김좌진은 홍성에서 계몽운동으로 민족운동을 시작했다. 그는 계몽운동을 시작하기에 앞서 자신의 집안 노비들부터 해방시켰다. 노비를 해방한 시기는 정확하지 않다. 기록마다 차이는 있으나 1904~1905년 사이로 보인다. 김좌진이 15~16세 되던 해였다. 노비제도는 1894년 갑오개혁 때 폐지되었지만, 노비는 존속하고 있었다. 김좌진은 어느 날 집안의 노비들을 모두 모아놓고 잔치를 벌였다. 그리고 노비문서를 불태우고, 자신의 토지를 나누어주었다. 계몽의식을 갖고 있었다고는 하지만 10대 가장의 결정으로는 파격적인 일이 아닐 수 없었다.

김좌진과 같이 집안의 노비를 해방시킨 민족운동가들은 많았다. 안동의 혁신유림으로 국내와 만주에서 독립운동을 펼쳤던 석주 이상룡李相龍과 동산 류인식柳寅植이 대표적이다. 이상룡은 만주로 망명하기 전 만주에서 독립운동을 전개하기 위해 많은 자금을 마련해야 하는 어려움 속에서도 노비문서를 불태우고, 토지를 나누어 주었다. 류인식은 1907년 안동에 협동학교를 세운 후 이듬해 계급차별이 인도적 차원에서 모순임을 깨닫고, 국력을 단합시키기 위해 노비를 해방시켜 봉건적 모순을 타파하고자 했다. 대표적인 아나키스트이자 6형제 독립운동으로 유명한 이회영李會榮도 노비를 해방시킨 대표적인 독립운동가이다. 그는 자유와 평등의 시대가 왔다고 인식하고 노비를 해방시키고 만주로 독립운동의 길을 떠났다. 건국동맹을 조직했던 여운형呂運亨 역시 '인간은 본래 자유롭고 평등한 존재로, 생존권은 신성불가침의 권리'라고 주장하며 1908년 노비를 해방시킨 바 있다.

김좌진이 노비를 해방시킨 것도 이들 민족운동가들의 생각과 다르지 않았다. 그가 민족운동을 시작한 것은 일제의 침략과 속박으로부터 국권을 회복하기 위한 것이었다. 그러한 자신이 집안에 노비들을 거느리고 그들을 속박하고 있다는 것은 모순이 아닐 수 없었다. 그러나 이에 대해서는 집안의 반대가 많았을 것이다. 그에게는 장손으로서 조상 대대로 전해지는 재산을 보존할 의무가 있었다. 또한 토지를 나누어 줌으로써 이후 민족운동을 전개하는 데 경제적 어려움이 닥칠 것을 예견하기도 어렵지 않았을 것이다. 그러나 김좌진은 국권회복을 위해서 빈부귀천의 철폐와 인간평등의 실현이 가장 시급한 문제라고 인식했고, 이를 실천에 옮겼다. 유년시절부터 '약한 자를 돕는다'는 생각을 갖고 있었던 그에게 노비해방은 당연한 것이었다.

김좌진은 노비를 해방시킨 후 홍성의 호명학교湖明學校 설립에 참여했다. 그가 국권을 회복하기 위해 가장 시급한 문제로 여긴 것은 홍성지역의 청년들에게 신교육을 시키는 것이었기에 이를 실천에 옮긴 것이다. 일제는 1905년 을사늑약 후 통감부를 설치하고 식민지배를 위한 교육정책들을 시행했다. 보통학교령·고등학교령·사범학교령 등을 반포해 학교 수를 제한하고, 수업연한을 단축시켰다. 또한 학교마다 일본인 교사를 배치하고, 한국인의 저항의식과 민족의식을 약화시키기 위해 한국인의 복종을 강요하기 시작했다. 이러한 상황에서 계몽운동가들은 국권상실의 원인을 '실력부족'으로 보고 자강自强을 이루고자 했다. 이들은 대중의 지식을 계발하고 민족자각을 불러일으키기 위해 교육보급과 산업발전을 통해 국권을 회복하고자 했으며, 지역의 지식인들은 사립학교를 설립해 근대교육운동을 펼치기 시작했다. 사립학교들은 재정부족과 일제의 탄압으로 오래 유지되지 못한 경우가 많았지만 근대학문의 수용과 보급에는 크게 공헌했다. 사립학교를 통한 신교육의 보급은 '을사늑

호명학교 터

약'이후 근대교육에 대한 인식의 변화와 궤를 같이 한다.

시대적 흐름은 홍성에도 밀려들기 시작했다. 홍성은 홍주의병이 말해주듯이 제국주의 침략과 개화정책에 반대했던 대표적인 지역이었다. 하지만 신교육을 통해 부국강병을 이룩해야 한다는 인식의 전환은 사립학교 설립으로 이어졌다. 호명학교가 설립되는 시기를 전후해 홍명洪明학교·덕명德明학교·화명華明학교·광명의숙光明義塾 등 사립학교들이 설립되기 시작했다. 이러한 변화는 전통학문을 수학했으나 시대의 변화에 따라 신학문의 중요성을 깨달은 지역의 명망가들이 주도했다. 하지만 보수적 성향이 강한 홍성에서, 그것도 일제에 의해 홍주의병들이 무참히 탄압을 받은 때에 개화와 신학문을 가르치는 학교를 설립하는 것은 그리 쉬운 일이 아니었다. 그럼에도 호명학교가 설립될 수 있었던 것은

●湖西有人 忠南洪州郡居前
判書金炳翊시와前參判김炳秀
시가該郡守尹泌氏로協心齊力
ᄒᆞ야湖明학校를創立하미登鄕
이聳動ᄒᆞ야贊成紳士가二十餘
員이오應募學生이壹百餘人의
達ᄒᆞ야熱心敎育ᄒᆞᄂᆞᆫ되將次文
明을可見이라且南來人의稱頌
이有ᄒᆞ더라

『대한매일신보』에 보도된 호명학교 기사(1908년 11월 1일자)

김좌진 문중의 재원지원과 참여가 있었기 때문에 가능했다.

호명학교 설립에는 김좌진뿐만 아니라 당시 홍성의 안동 김씨 문중에서 재원을 지원하고 참여했다. 김병익金炳翊 · 김병수金炳秀 · 김병원金炳鵷 · 김병학金炳學 · 김선규金善圭 등이 바로 그들이다. 김병익은 판서, 김병수는 참판, 김병원과 김선규는 군수를 지낸 경력이 있었다. 호명학교는 안동 김씨의 '문중학교' 성격을 갖고 있었던 셈이다.

김좌진 문중은 새로운 사상과 문물을 받아들인 가문이었다. 호명학교 설립뿐만 아니라 홍성지역 계몽운동에 선도적 역할을 담당했던 이들이 모두 김좌진 문중 출신이었다. 이들은 고관을 역임하거나 군수를 지내면서도, 실력을 키워 자강을 이룩해야만 국권회복이 가능하다는 인식을 가지고 있었다. 이를 위해 신학문 보급을 절실히 느끼고 있었고, 근대 교육기관으로 호명학교를 설립했던 것이다. 이는 문중 인물인 김병년金炳秊의 행적을 통해서도 알 수 있다. 김병년은 호명학교 설립에는 참여하지 않았으나, 태안으로 이주한 후 1906년 광영신숙을 설립해 근대교육에 앞장섰다. 김병년은 병조정랑兵曹正郎 · 홍문관응교弘文館應敎 · 성균관사성成均館司成 · 예조참의禮曹參議 · 동부승지同副承旨 · 호조참의戶曹參議 등

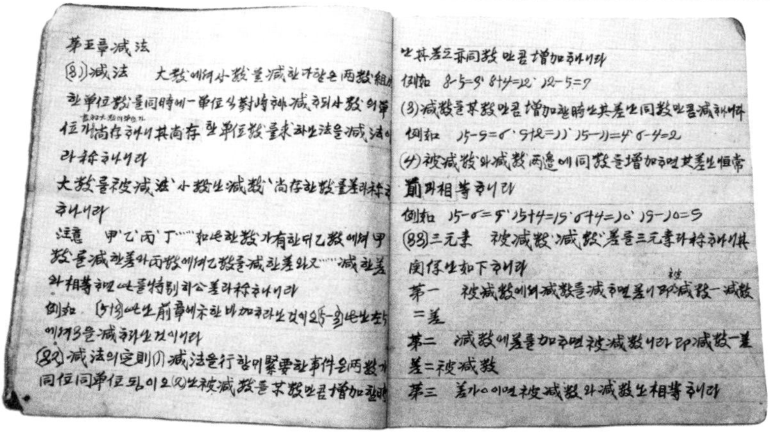

호명학교에서 사용했던 산술 교재

의 관직을 역임했다. 그는 궁내부 승지를 지내던 중 국권이 기울어져 가는 것을 보고 사직하고 고향인 홍성으로 내려왔으며, 이후 안면도로 이주해 은거하면서 교육사업에 전념했다. 광영신숙은 1920년 태안공립보통학교로 개편되었고, 광영신숙의 졸업생들은 3·1운동과 항일독립운동에 주도적인 역할을 담당했다.

호명학교 설립에는 군수 윤필尹必의 지원도 있었다. 1906년 3월 고종의 「흥학조칙」이 공포된 후 전국의 관리들은 사립학교 설립에 적극적으로 참여하기 시작했다. 시대적 분위기에 힘입어 홍주군수였던 윤필도 호명학교 설립에 지원을 아끼지 않았다. 당시 전·현직 관리들은 관료생활을 통해 국내사정 뿐만 아니라 일제의 침략상황을 정확히 파악하고 있었고, 을사늑약이 체결된 후에는 사립학교 설립을 통해 신교육 보급

호명학교 졸업식 모습

에 노력하고 있었다. 호명학교 설립에 참여한 안동 김씨 문중 인물들도 모두 전직 관료들이었고, 군수의 지원이 있었던 것도 이러한 시대적 흐름과 무관하지 않았다. 군수 윤필은 호명학교 외에도 홍성지역 7개 사립학교 설립에 지원을 아끼지 않았으며, 관찰사였던 김가진金嘉鎭은 홍명학교 교장에 취임하기도 했다.

호명학교는 호서지역을 개명한다는 뜻으로, 개화와 신학문을 교육했다. 설립시기는 기록마다 많은 차이가 있어 정확한 시기는 알 수 없다. 김좌진과 관련된 기록을 보면 1906~1907년 사이로 그의 나이 17~18세 때였다. 김좌진은 '자강'을 통한 홍성의 변화를 꿈꾸기 시작했고, 가장 먼저 호명학교 설립에 참여했다. 호명학교는 이후 갈산공립보통학교로 개편되었다. 갈산공립보통학교(현재 갈산초등학교)는 1917년 호명학교의 교사校舍를 이용해 고도면 상촌리(현재 갈산중고등학교 옆)에서 개교한 후 1923년 현재의 자리로 이전했다. 갈산공립보통학교의 이전하기 전 교사校舍는 호명학교 교사校舍였으며, 건물은 62평, 교지 평수는 865평, 학교실습지 219평이었다. 학생 수는 1908년 현재 100여 명에 달했으며, 1908년부터 중등과와 소학과로 나누어 가르쳤다. 또한 법률과를 설치하는 등 홍성지역 교육운동을 주도한 학교였다. 그러나 교과목은 1908년 호명학교에서 사용했던 산술교재가 전해질 뿐 어떤 과목을 가르쳤는지 알려져 있지 않으나, 당시 사립학교들이 개명과 부강, 신교육을 통한 국권회복을 교육이념으로 삼았던 것과 크게 다르지 않을 것이다.

민족운동가들과 교류하며 기호흥학회에 참여하다

김좌진은 1907년경 부인 오숙근과 함께 서울로 올라왔다. 호명학교 설립에 참여한 후였다. 그가 고향인 홍성을 떠나 상경한 이유는 알려진 바가 없으나, 당시 대한제국이 처한 상황을 직접 보기 위한 것으로 짐작된다. 비록 직접 참여하지는 못했으나 청년기에 접어들면서 지켜보았던 홍주의병들의 치열한 항일투쟁은 그가 민족문제에 눈을 뜨도록 했다.

노비해방과 호명학교 설립을 통한 교육운동은 일제의 침략을 절감하고 시작한 민족운동이었다. 김좌진의 상경은 막연히 교육운동을 하기보다는 기울어져가는 대한제국의 현실을 직접 보고 자신이 나아갈 길을 모색하기 위함이었을 것이다. 김좌진이 서울 생활을 시작할 무렵 대한제국의 국운은 기울어져 가고 있었다. 고종은 네덜란드 헤이그에서 만국평화회의가 개최되자 이상설李相卨·이준李儁·이위종李瑋鍾 등 3명의 특사를 보내 을사늑약의 무효와 일제의 침략을 세계에 알리고자 했다. 그러나 일제는 헤이그특사 파견을 구실로 자신들의 침략정책을 반대해 온 고종을 강제로 퇴위시켰다. 또한 정미7조약을 체결하고 일본인 차관을 두어 내정을 장악하고, 우리나라 군대마저 해산시켰다.

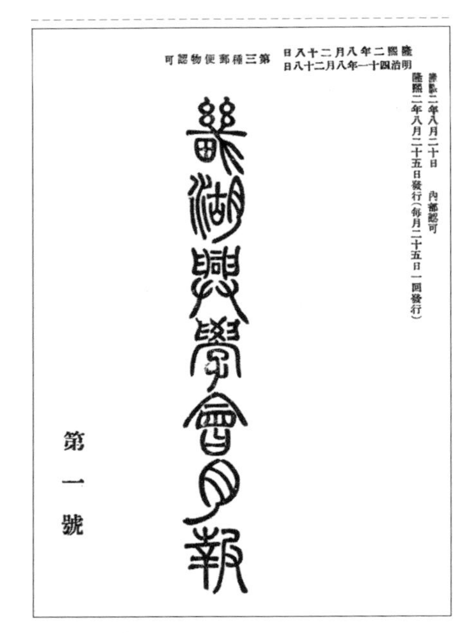

隆熙二年八月二十八日
明治四十一年八月二十八日
第三種郵便物認可
隆熙二年八月二十日 內部認可
隆熙二年八月二十五日發行(每月二十五日一回發行)
畿湖興學會月報
第一號

기호흥학회월보 표지

김좌진에게 서울 생활은 신문물을 접하고, 민족운동가들과 교류할 수 있었던 시기였다. 아쉬운 점은 그가 서울에서 만난 사람들이나 참여했던 단체와 기관이 정확히 어떤 것이었는지 구체적인 자료가 없다는 점이다. 이 시기 김좌진이 참여한 단체는 그의 장례식 때 작성된 「고김좌진선생약력故金佐鎭先生略歷」과 『기려수필』 김좌진조, 순국했을 때 보도된 신문기사를 통해 어느 정도 파악할 수 있다. 이들 기록에서는 김좌진이 대한협회 총무, 『황성신문』 사장, 『한성신보』 이사, 경성고아원 총무, 기호흥학회 임원 등을 역임한 것으로 되어 있다. 그러나 이들 기록 중 1906년에 『한성신보』 이사, 『황성신문』 사장을 역임했다는 기록은 신빙성이 없어 보인다.

『한성신보』는 일본인들이 경영하던 친일신문으로, 1906년 통감부에 의해 『대동신보』와 기타 군소 신문 5개를 합쳐 『경성일보』로 통합되었다. 김좌진이 친일신문에 참여했다는 사실도 의문이지만 1906년이면 김좌진이 나이 열일곱이니, 이 어린 나이에 『한성신보』 이사와 『황성신문』 사장을 역임했다는 것은 무리이다. 다만, 김좌진이 군자금 모집 중 체포된 사건을 보도한 『신한민보』 1911년 4월 5일자 기사에는 그의 직업이 황성신문 기자로 나오고 있다. 이를 통해 보면 황성신문 사장이 아니라 기자로 활동했을 가능성이 있다. 이 밖에 대한협회 참여설이 있으나 그와 관련된 구체적인 사실은 확인되지 않는다.

김좌진의 서울 생활에서 잘못 알려진 사실 중 하나는 육군무관학교를 졸업했다는 것이다. 장례식 때 쓰인 「고김좌진선생약력」에는 국내에서의 작은 경력까지도 기록되었는데, 육군무관학교에 재학했었다는 기록은 없다. 또한 김좌진 순국 후 국내신문들은 앞 다투어 김좌진의 이력과 일화들을 상세히 보도했는데 육군무관학교에 다녔다는 내용은 오직 한 기사에서 찾아볼 수 있을 뿐이다. 그 기사는 김좌진이 서울로 상경했을 때 김덕규에게 양자로 출계한 형 '김경진 씨의 집에서 묵으면서 한국무관학교에 통학하여 열일곱 살 때 그 학교를 졸업했다'는 1930년 2월 13일자 『동아일보』 기사이다. 그 외에는 찾아볼 수 없다. 또한 일제도 김좌진에 대한 자세한 정보를 수집해 기록했는데 이들 기록에서도 육군무관학교 관련 내용은 없다.

대한제국은 육군무관학교 입학 자격을 육군유년학교 졸업생으로 규정했다. 따라서 육군무관학교를 졸업하기 위해서는 육군유년학교 3년, 육군무관학교 3년의 총 6년간의 수업연한을 마쳐야 했다. 때문에 육군유년학교의 학도연령은 15~18세, 육군무관학교는 18~23세로 제한을 두었다. 김좌진이 18세 되는 때는 1907년이다. 그 해는 일제가 군대해산을 감행하여 육군무관학도를 1년에 25명 내외로 줄였고, 1909년 9월에는 육군무관학교가 폐교되었다. 이러한 정황으로 볼 때 육군무관학교가 1907년까지 정상적으로 운영되었다고 보더라도 김좌진의 육군무관학교 졸업은 어려웠을 것이다. 더욱이 육군무관학교 관제와 김좌진의 나이, 상경시기를 볼 때 무관학교 졸업은 불가능하다. 따라서 김좌진의 육군무관학교 졸업은 청산리대첩 이후에 그에 대해 잘못 알려진 사실 중 하나라 할 수 있다.

김좌진은 서울에서 생활하면서 민족운동가들과 교류했다. 주로 신민회원이었다. 신민회는 1907년 4월 계몽운동가들이 조직한 비밀단체였다. 윤치호尹致昊·안창호安昌浩·신채호申采浩·이승훈李昇薰·이동녕李東寧·이회영 등이 참여했으며, 군 단위까지 책임자를 두었다. 신민회는 민족의식과 독립사상을 고취시키고 교육과 국민경제를 발전시키고자 교육기관과 상업기관을 운영했다. 이를 위해 대성학교·태극서관·자기회사磁器會社·청년학우회 등의 활동을 펼쳐나갔다.

신민회는 관서지방의 기독교 신자들과 교사·학생 등 800여 명이 가입해 활동한 대표적인 계몽운동단체였다. 비밀단체였기 때문에 집행부의 중심인물을 제외한 회원들에 대해서는 정확히 알 수 없다. 따라서 김좌진이 신민회원이었는지 단언하기 어렵다. 다만 그가 서울에서 교류

노백린

이갑

윤치성

한 인물들이 대부분 신민회원들이었고, 단편적이지만 청년학우회에 참여했다는 기록이 있는 것으로 보아 신민회에 참여한 것이 아닌가 생각된다. 그가 교류했던 신민회 인사는 윤치성尹致晟·노백린盧伯麟·유동열柳東說·이갑李甲 등이었다. 이들은 일본육군사관학교 출신이거나 대한제국 군인이었다. 김좌진은 이들과 교류하며 군사학과 군사전략을 배울 수 있었다.

김좌진은 상경을 전후해 김항규金恒圭·김홍진金弘鎭 등과 함께 자진해서 상투를 잘랐다. 김항규와 김홍진이 홍성과 전혀 관련이 없는 인물이라는 점을 볼 때 김좌진이 단발을 한 때는 서울로 올라온 이후일 것이다. 김좌진은 일찍이 계몽의식을 갖고 있었다고는 하지만 척사적 전통을 잇고 있는 가문의 장손이었다. 그런 그가 상투를 잘랐다는 것은 계몽운동으로 선회했다는 것을 말한다. 김좌진처럼 전통 유림 집안에서 성장하고 위정척사를 고집했던 이들이 서울에서 신사상·신문화를 접하

洪州郡支會任員改選名簿
會長金炳秀 副會長金烈濟 評議員李殷璟
金佐鎭 金顯復 贊務長金炳翊 贊務員
崔鳳煥 朴驥秉 尹丙台 李起弼 兪鍾冕
李斗鐘 李南圭 金善圭 金炳鴻 金用哲
金商學 (會員) 李胤榮 崔基泳 宋良浩
金泳圭 金星圭 李會魯 韓用琦

기호흥학회 홍주지회원 명단

고 계몽사상으로 전환하는 경우는 많았다. 안동 유림 류인식이 대표적이다. 류인식은 "털이 몸에 붙어 있으나 소중한 것이라고 하면서도, 장차 몸이 없어지려는 판국에 털이 뭐 그리 소중하냐?"며 상투를 자르고 스승인 김도화金道和에게 신학교육新學教育을 주장하기도 했다. 김좌진도 전통과 구학에만 매달리다가는 기울어져가는 국권을 회복하기 어렵다고 인식했고, 형식에 구애받지 않고 국권회복을 이루겠다는 의지를 단발로 표출했다고 할 수 있다.

김좌진의 이러한 의식 변화는 기호흥학회 홍주지회 활동으로 이어졌다. 지방 출신으로 서울에서 활동하던 인사들은 각종 학회를 조직했다. 1906년 평안도·황해도 출신 인사들이 중심이 되어 서우학회가 설립된 후, 호남학회·호서학회·기호흥학회·관동학회·교남학회 등이 조직되었다. 이들 학회는 군 단위로 지회를 두고 지역의 계몽운동을 이끌었다. 기호흥학회는 경기도와 충청도의 학문증진을 위해 1908년 1월 조직되었다. 기호흥학회는 다른 학회들과 달리 전·현직 고위관리와 일본 유학을 통해 근대학문을 수용한 이들이 많았다.

홍주지회는 1909년 1월 인가를 받았다. 회장은 서병태徐丙台, 부회장은 김시원金始元이 맡았으며, 회원이 50여 명에 달했다. 홍주지회는 같은 해 4월 회장 김병수金炳秀, 부회장 김열제金烈濟 등으로 임원진을 개편했다. 김좌진은 설립 초기에는 참여하지 않았으나 1909년 4월 임원진이 개편되면서 참여했다. 당시 임원진 개편은 김좌진의 문중인물들을 중심으로 이루어졌다. 회장인 김병수 뿐만 아니라 김병익·김선규·김병원 등 김좌진과 함께 호명학교를 설립했던 이들이 홍주지회 임원으로 참여하거나 회원에 가입했다. 홍주지회에는 김좌진과 연관 있는 인물들이 다수 참여했다. 호명학교 설립을 지원했던 군수 윤필을 비롯해 1910년대 그와 함께 군자금 모집을 했던 이기필李起弼도 참여하고 있었다.

홍주지회는 임원진을 개편하며 사립학교 설립을 추진했다. 기호흥학회가 가장 중점적으로 추진한 사업은 교육사업이었다. 국권을 회복하는 길은 교육을 통한 실력양성이 가장 큰 관건이며, 이를 위해 학교를 세워 인재를 양성하는 것이 우리 민족이 살길이라 여겼기 때문이다. 홍주지회의 주요활동도 교육사업이었다. 그리하여 3개 면에 1개 학교 설립을 위한 활동을 펼쳐나갔다. 하지만 김좌진이 지회원으로 활동했는지는 알 수 없다. 당시 서울에서 생활하고 있었고, '홍주지역의 재능 있는 학생들을 선발해 서울로 유학시키는 일'을 한 것으로 보아 고향인 홍성과 서울을 오가며 활동한 것이 아닌가 생각된다.

02 국내에서 독립운동을 전개하다

서간도 독립운동기지 건설을 추진하다

1910년 8월, 대한제국은 일제에게 국권을 강탈당했다.

국권회복을 바라던 민족운동가들은 자결로 일제강점에 저항했으며, 조국 독립을 위해 국내외에서 치열한 항일투쟁을 시작했다. 나라를 빼앗긴 일은 김좌진에게도 큰 절망이었으나 또 다른 시작이기도 했다. 이제는 국권회복이 아니라 독립이라는 절대명제가 주어진 것이다. 김좌진은 서간도에 독립운동기지 건설을 추진하고, 독립전쟁을 준비하기 시작했다. 당시 김좌진뿐만 아니라 국내외 민족운동 세력들은 독립전쟁론을 바탕으로 일제와 일전을 치르기 위한 준비를 시작했다. 독립전쟁론은 국외에 독립운동기지를 건설하고 독립군을 양성한 후, 적당한 시기에 일제와 전쟁을 벌여 빼앗긴 국권을 회복하고 독립을 달성한다는 것이었다. 이는 한말의병전쟁계열의 무장투쟁론과 계몽운동계열의 실력양성론을 하나로 결합시킨 독립운동방략이었다. 따라서 제일 먼저 시작한 사업은 국외 독립운동기지 건설이었다.

당시 국외 독립운동기지 건설은 신민회를 중심으로 이루어졌다. 신민회는 1909년 봄, 서간도에 무관학교를 설치할 것을 결의하고 독립군 양성 계획을 수립했다. 독립을 달성하는 유일한 방법은 전쟁을 통해 일제를 몰아내는 것이라 여겼으며, 이를 위해 독립운동기지를 건설하고 독립군을 양성하는 것이 가장 최선이라고 보았다. 신민회는 1910년 3월에 간부회의를 개최하고 다음과 같이 국외 독립운동기지 건설 계획을 세웠다.

첫째 독립군 기지는 일제의 통치력이 미치지 않는 중국의 만주 일대에 구축하되 후일 독립군의 국내 진입에 가장 편리한 지대를 최적지로 한다.

둘째 최적지가 선정되면 자금을 모아 일정한 면적의 토지를 구입한다. 필요한 자금은 국내에서 신민회 조직을 통해 비밀리에 모금하며 이주민에게도 어느 정도의 자금을 휴대하도록 한다.

셋째 토지를 구입하면 국내의 애국인사들과 애국청년들을 계획적으로 단체 이주시켜 신영토로서 신한촌을 건설한다.

넷째 새로 건설된 신한촌에는 민단民團을 조직하고 학교·교회와 기타 문화시설을 세우는 한편 무관학교를 설립해 문무쌍전교육을 실시해 사관을 양성한다. 무관학교에서 독립군 사관이 양성되면 이들과 이주 애국청년들을 중심으로 강력한 독립군을 창건한다. 독립군 장교는 현대적 장교 훈련과 전략전술을 습득한 무관학교 출신 사관으로 편성하며, 병사들에게도 역시 모두 무관학교에서 현대 군사교육과 전략전술을 익히는 군사훈련을 실시한다.

다섯째 강력한 독립군이 양성되면 최적의 기회를 포착해 독립전쟁을 일으켜 국내에 진입한다. 최적의 기회는 일본 제국주의 힘이 더욱 커지고 침략 야욕이 팽배해 만주나 태평양 지역까지 집어 삼키려고 할 때 불가피하게 일어날 중일전쟁·러일전쟁·미일전쟁이 일어났을 때로 한다. 이 기회를 포착해 국외에서는 양성한 독립군을 국내로 들여보내고 국내에서는 신민회를 주체로 내외에서 호응해 일거에 일제를 물리치고 국권을 회복한다.

신민회는 1910년 4월 안창호·이갑·유동열·신채호 등을 파견해 후보지를 물색했고, 같은 해 12월 이회영·이동휘李東輝 등이 서간도에 독립운동기지를 건설하기 시작했다.

김좌진의 국외 독립운동기지 건설 구상은 신민회와 같은 것이었다. 김좌진이 서울로 올라와 교유한 인물이 신민회의 주요 간부들이었고, 그가 서간도에 한인을 이주시킬 계획을 세운 시기도 신민회가 국외독립운동기지 건설을 시작한 시기와 비슷했다. 1911년 5월 17일 경성지방법원 판결문에 의하면 김좌진은 1909년 음력 6월에 서간도 이주를 계획하고, 안승구安承龜·민병옥閔丙玉·김찬수金燦洙·박종원朴鐘元·조형원趙亨元·남정면南廷冕·이영렬李永烈 등을 동지로 규합하고 있었다. 김좌진은 1909년 중순부터 서간도 이주계획을 실행하고 있었던 것이다. 뿐만 아니라 만주에 독립운동기지를 건설하기 위해 국내에 연락거점을 설치하고 자금을 모집했다.

김좌진은 국망을 전후한 시기에 서울에 이창양행怡昌洋行이라는 위장 상점을 설치했다. 이창양행은 서울 관수동에 있었으며, 독립운동을 전개하기 위한 활동거점이었다. 상점으로 위장해 활동거점을 설치하는 것은 1910년대 국내 독립운동단체들이 사용했던 일반적인 방법이었다. 일제의 감시를 피해 활동하기 편리했고, 비밀을 유지하는 데 가장 효과적이었기 때문이다. 대체로 사람들의 왕래가 많은 잡화상이나 곡물상·여관 등이 이용되었다. 김좌진은 이창양행 외에도 소립동에 영창상행永昌商行을 운영하고 있었다. 김좌진 판결문에 당시 그의 직업이 석탄 및 석유상이었던 것을 보면 이창양행이나 영창상행은 석유나 석탄가게로 위장한 것으로 보인다. 위장상점들은 비밀유지 뿐만 아니라 유사시에 영업을 통해 확보한 이익을 즉시 자금으로 활용할 수 있었다.

신의주에는 염직회사染織會社를 설립했다. 염직회사는 원래 서울에 설치하려 했으나 계획을 바꿔 신의주에 설치했다. 만주에 독립운동기지를 건설하기 위해서는 국경지역에 거점을 마련할 필요가 있었기 때문이다. 김좌진이 독립운동기지로 계획했던 곳은 서간도였다. 따라서 국내와 서간도의 길목인 신의주에 염직회사를 차려 거점으로 삼은 것이다.

그러나 만주에서 독립운동을 전개하기 위해서는 많은 자금이 필요했다. 김좌진은 홍성의 부호였으나 이미 노비해방과 호명학교 설립 등에 많은 재원을 지원했기 때문에, 막상 독립운동을 시작하면서는 자금이 부족했다. 결국 부호들에게 자금을 모집하는 방법을 선택할 수밖에 없

의당국이도적으로잡힘
안승구등십구인은시세의절박ᄒᆞᆷ
을분기ᄒᆞ야한번창의긔를들고반
도의풍운을움작이고저ᄒᆞ다가도
적의루명을쓰고원슈의손에잡힌
바되엿스니그ᄂᆡ졍은ᄌᆞ세히알수
업스나일인신문에게지된바를참
호ᄒᆞ여보건ᄃᆡ뜻을뎡ᄒᆞ고북간도
로건너가동지들규합ᄒᆞ야활동ᄒᆞᆯ
시작코져ᄒᆞ나운동비가업ᄉᆞᆷ으로
이월십팔일에쳥셕동신ᄃᆡ균의집
에가셔구ᄇᆡᆨ원을ᄀᆞᆫ청ᄒᆞ다가필경
일슌ᄉᆞ에게잡혀런후자십팔명이
취박되엿스니심히붉힐ᄒᆞᆫ지라이
재그셩명과신분을번등ᄒᆞᆫ건ᄃᆡ
김좌진二三 젼황셩신문긔자
민병옥三四 젼륙군부위
됴형원二二 학ᄉᆡᆼ
김찬슈三十 젼륙군참위
남뎡면二十 학ᄉᆡᆼ
박종원二三 보경학교ᄉᆡᆼ도
졍규셕三五 쇼학교교원
최창식二十 고ᄋᆞ원교ᄉᆞ
리완규二九 연초회샤샤쟝
됴희동二九 김병활二八
박졔셜三六 면용빈二四
홍ᄃᆡ션二六 리효직二九
셔병두三四
이외에리영렬二三은간곳을알지
못ᄒᆞ고두령안승구는三十六세인
ᄃᆡ삽쳔동사논량반이라ᄒᆞ엿더라

『신한민보』에 실린 김좌진 체포 관련 기사(1911년 4월 5일자)

었다. 자금 모집 대상에 종증조부인 김종근金宗根이 포함되어 있었을 정도로 그에게 자금은 절박했다.

김좌진은 1909년 서간도 이주계획을 세웠던 동지들과 자금 모집을 시작했다. 1910년 12월 안승구·민병옥·조형원은 한림동의 우성모禹聖模, 제동의 남정철南廷哲로부터 자금을 모집했다. 김좌진도 다음 해 1월 안승구·민병옥·조형원·김찬수·남정면·이영렬·박종원 등과 직접 자금 모집에 나섰다. 김종근·오명환吳明煥·어호선魚浩善·신좌현申佐鉉 등이 대상이었다. 그러나 자금 모집은 원활하지 못했다. 자금을 모집하고자 했던 이들이 대부분 안면이 있어 얼굴을 알아보거나 주변에 사람들이 많아 실패했기 때문이다.

결국 김좌진은 자금을 모집하던 중 체포되어 1911년 5월 17일 경성지방법원에서 징역 2년형을 선고받고 투옥되었다. 함께 자금모집을 벌였던 안승구·민병옥은 징역 7년, 김찬수·조형원·이영렬은 징역 5년, 남정면·박종원은 징역 3년의 중형을 선고받았다.

김좌진이 투옥되었던 서대문형무소

김좌진은 서대문형무소에 투옥되었다. 그에게 닥친 첫 번째 시련이었다. 홍성의 명문가에서 태어나 부잣집에서 성장한 그가 권세와 부를 누리며 호의호식할 수 있었음에도, 그것을 거부하고 민족운동에 투신했을 때부터 예견된 일이었다. 그러나 일제가 그를 철창에 가두었다 해도 독립운동에 대한 열정을 가두지는 못했다. 그는 '복차여사대운伏次如斯臺韻'을 지어 당시 심정을 다음과 같이 읊고 있다.

삼가 여사대 시에 차운하다 伏次如斯臺韻

한 이치가 유행하여 만물이 화생하니 一理流行萬化生
유행하는 묘한 이치를 누가 밝게 알리오 流行妙理孰能明
지금 여러 사람들이 공자의 뜻을 생각하니 至今衆想宣尼意

만고에 가르치는 소리가 들리는 듯하네 萬古如聞訓語聲

이 누대를 지어 후생에게 남기니 經始斯臺屬後生
진정한 근원 이로부터 환하게 밝으리 眞源從此渙然明
유인은 미친 파도를 향해 가지 마라 游人莫向狂波去
세속 밖은 지금 모진 빗소리 거세다네 俗外今多刼雨聲

바위 벼랑에 맑은 기운 한 구역에 생겨나니 巖崖淑氣一區生
산은 더욱 높고 물은 더욱 맑구나 山益嵬嵬水益明
비록 무지개 소식이 멀다 하여도 縱云虹橋消息遠
응당 언제가 뱃노래 소리 들으리라 應聞佗日櫂歌聲

숭정 후 다섯 번째 신해辛亥 맹하 문생 안동 김좌진 공경히 쓰다. 崇禎後五辛亥孟夏 門生 安東 金佐鎭 敬稿

김좌진은 독립운동 중 여러 편의 시를 남겼다. 대부분 신문에 보도된 것이거나, 주변 사람들이 들었던 내용이 알려진 것이다. 그러나 '복차여사대운'은 직접 작성한 것이다. '숭정 후 다섯 번째 신해 맹하(음4월, 초여름)'로 보아 1911년 초여름에 작성했으며, '문생 안동 김좌진 공경히 쓰다'라는 표현을 보면 스승에게 보내는 형식이었다. 김좌진이 체포된 것이 1911년 3월, 유죄판결을 받은 것이 같은 해 5월 17일이므로 '복차여사대운'은 일제에 체포되어 투옥된 후 작성한 것으로 볼 수 있다. 전형

김구

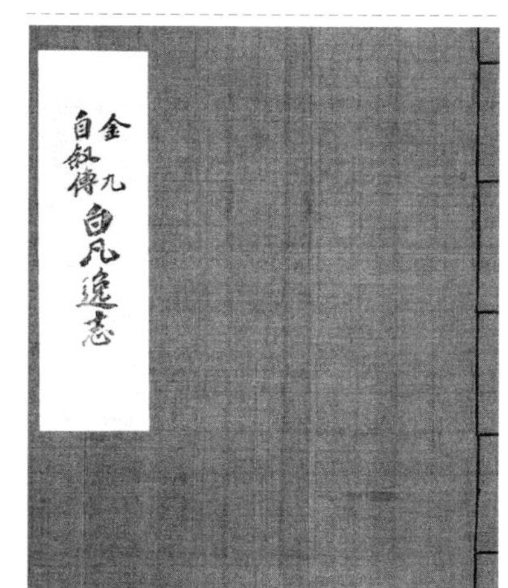

백범일지

적인 7언절구 형식을 띠고 있으며, '생生 · 명明 · 성聲' 운자를 맞추고 있다. 해석상의 문제이기는 하나 '뱃노래 소리'를 독립으로 본다면, 그의 독립에 대한 의지와 희망을 엿볼 수 있다.

수감생활은 독립운동 전개에 또 다른 인연을 제공했다. 백범 김구를 만난 것이다. 김구는 '안악사건'으로 15년형을 선고받고 서대문형무소에 투옥되어 있었다. 김구는 『백범일지』에 김좌진과의 만남을 다음과 같이 기록하고 있다.

> 김좌진 등 몇 사람이 애국운동을 하다가 강도죄로 징역을 받고 같이 수감되어 함께 고생했다. 김좌진은 침착하고 굳세며 용감한 청년으로 국사國事를 위하여 무슨 운동을 하다 투옥되었는데, 친애의 정을 서로 표했다.

백야 김좌진과 백범 김구, 두 민족지도자의 첫 만남은 아이러니하게도 서대문형무소 수감 중에 이루어졌다. 훗날 김구는 광복 후 김좌진 추도회에 참석해 서대문형무소에서 만남을 회상하며 통곡했다. 한편 대동단에서 활동하는 전협全協과 최익환崔益煥도 서대문형무소에서 만났다. 최익환은 1905년 광무일어학교光武日語學校 재학 중 당시 일진회 총무였던 전협과 알게 되었으며, 1909년 각자 공금을 빼내 만주로 망명할 계획을 세웠다. 최익환은 서천군 재무주사로 근무하던 중 공금을 횡령해 독립자금으로 활동하려던 계획이 발각되어 징역 7년형을 선고받고 수감 중이었다. 전협도 토지를 불법으로 매각해 이를 독립자금으로 이용하려던 계획이 발각되어 투옥되어 있었다. 전협과 최익환은 민족적 각성을 거쳐 과거 일진회와 같은 친일경력을 청산하고 만주로 망명해 독립운동을 펼칠 계획이었으나, 국내에서 자금을 모집하던 중 체포되었던 것이다. 김좌진은 전협과 서대문형무소에서의 인연으로 결의형제를 맺었다고 한다. 최익환은 홍성 출신으로 김좌진과 고향이 같았으며, 광복회에서 자금 모집을 함께 했다. 또한 그는 만주를 자주 왕래했으며, 김좌진 만주 망명 이후에도 지속적으로 만나 독립운동에 대해 협의했다. 최익환은 대동단 사건 이후에는 홍성지역 사상단체인 무공회無空會에서 김좌진의 동생인 김동진과 사회운동을 전개하기도 했다.

독립전쟁을 위해 광복회에 참여하다

김좌진은 1913년 형기를 마치고 풀려난 후 고향인 홍성에 내려왔다. 무단통치 시기에 독립운동 경력이 있던 그는 일제의 감시 대상이었다. 더욱이 활동거점으로 설치했던 상점들이 발각되고, 함께 활동했던 동지들은 수감되어 있었기 때문에 서울에서의 활동은 잠시 중단해야 했다. 김좌진은 홍성에서 은둔생활을 하고 있었지만 독립에 대한 신념에는 변화가 없었다. 그는 1915년 조직되는 광복회에 참여해 독립운동을 다시 시작했다.

광복회는 1915년 음력 7월 15일 대구에서 조직된 국내 독립운동단체이다. 1910년대는 일제 무단통치 시기였기 때문에 민족운동 세력들의 활동 폭이 극히 제한되었다. 또한 구한말 국권회복운동이 성공을 거두지 못하면서 민족역량이 소진된 상태였고, 민족운동 주체들이 해외로 망명하면서 국내 독립운동은 침체되어 있었다. 이러한 한계에도 국내에 남아있던 민족운동세력들은 비밀결사를 조직해 독립운동을 전개했다. 독립운동 방법으로는 의병전쟁의 무장투쟁론과 계몽운동의 실력양성론이 가지고 있는 한계를 극복하고, 독립전쟁론으로의 재편이 필요했다. 그 결과 의병전쟁계열과 계몽운동계열이 연합해 조직한 최초의 국내 독립운동단체가 만들어졌는데 그것이 바로 광복회였다.

광복회원들은 대부분 의병전쟁과 계몽운동에 참여한 경력이 있었으며, 1910년 나라를 빼앗긴 이후 새롭게 독립운동에 참여한 이들도 있었다. 이들이 참여했던 단체도 독립의군부獨立義軍部 · 풍기광복단豊基光復團 · 민단조합民團組合 · 달성친목회達成親睦會 · 조선국권회복단朝鮮國權回復團 등 다양했다.

광복회 결성지(대구 달성공원)

독립의군부는 1912년 낙안군수를 지낸 임병찬林炳瓚이 고종의 밀지를 받고 조직한 비밀결사로, 의병 출신 유생들이 중심이었다. 이들은 일제 관헌들에게 국권반환요구서를 제출하고, 국권회복운동 전개 사실을 알리기 위해 투서운동을 했다. 풍기광복단은 1913년 채기중蔡基中이 주도하여 무기구입과 자금조달을 목적으로 조직되었으며, 이강년李康秊 의진과 홍주의병 출신들이 중심이었다. 민단조합은 1914년 경북 문경에서 이동하李東下를 비롯해 이강년 의진에 참여했던 유생들이 중심이 되어 조직했으며, 경북 북부지역을 중심으로 군자금을 모집했다. 달성친목회는 1908년 대구에서 반일사상 고취를 목적으로 결성된 계몽운동단체로, 국망 이후 잠시 활동을 중단했다가 1913년 서상일徐相日을 중심으로 재조직되었다. 달성친목회원들은 대부분 신사상을 교육받은 인물들이었으며, 항일의식 고취 활동을 벌였다. 조선국권회복단은 1913년 경상도 일대 계몽주의적 성향의 인물들이 중심이 되어 대구에서 조직되었다. 이들은 계몽활동과 상업활동을 통해 세력을 확장하고 해외 독립운동기지와 연결해 독립을 쟁취한다는 목적을 갖고 있었다.

이처럼 광복회에 참여한 이들은 이념과 투쟁노선이 달랐다. 복벽주의復辟主義와 공화주의共和主義로 나뉘어져 있었으며, 활동지역도 전국적이었다. 하지만 '조국의 독립'이라는 공통된 목적 아래 광복회를 조직했다. 광복회가 각 노선의 한계를 넘어 조직될 수 있었던 데에는 결성을 주도한 총사령 박상진朴尙鎭의 역할이 컸다. 박상진은 의병장 허위許蔿의 문하에서 수학했으나, 스승의 권유로 양정의숙에서 수학하고 판사 등용시험까지 합격하는 등 근대사상도 수용했다. 그는 계몽사상을 받아들였으나 민족운동 과정에서 이를 고집하지는 않았다. 그의 계몽운동 참여는 독립운동 전개에서 방법상의 문제일 뿐이었다. 그는 허위가 순국하자 스승의 뜻을 계승해 민족운동에 투신했고, 의병봉기를 추진하기도 했다. 즉 박상진은 의병적 성향과 계몽적 성향을 모두 갖고 있었다. 그렇기에 투쟁노선과 이념을 달리했던 세력들을 규합해 광복회를 결성할 수 있었다. 박상진의 성향은 김좌진과 같았다. 김좌진도 계몽운동을 펼쳤으나 척사적 성격을 갖고 있었고, 국권의 회복과 독립을 위해서는 무장투쟁을 유일한 방법으로 여겼다. 그렇기에 김좌진과 박상진은 의형제를 맺을 정도로 두터운 친분을 유지했다.

김좌진은 광복회 결성 초기부터 참여했다. 광복회에 참여하게 된 계기는 알려진 바가 없으나 아마도 신민회가 연결고리가 아니었나 생각된다. 광복회원 중에는 신민회에 참여했거나 신민회 인사들과 교유했던 이들이 다수 참여하고 있었다. 광복회에 참여한 계몽운동 계열은 의병계열에 비해 상대적으로 적었으나, 광복회 지도부의 핵심 구성원으로 참여하고 있었다. 사령관 박상진, 황해도 지부장 이관구李觀求, 길림 광복회를 조직한 주진수朱鎭洙는 안창호·이갑·양기탁梁起鐸·신채호 등 신민회의 핵심인물들과 밀접한 관계였거나 직접 신민회에 참여한 경력이 있었다. 사령관 박상진은 국망 이전부터 안창호·이갑 등과 교유하고 있었고, 광복회 결성 이후에는 양기탁과 활동에 대한 협의를 하기도 했다. 그가 계몽운동을 전개했던 교남교육회·달성친목회에도 다수의 신민회원들이 참여하고 있었다. 황해도 지부장 이관구는 박은식朴殷植·양기탁·신채호·장지연張志淵 등과 언론활동을 함께 했으며, 안창호가 대성학교 교사로 부임했을 때 대성학교에서 수학했다고 한다. 주진수는 신민회 설립 때부터 참여한 인물로서 독립운동기지 건설에도 참여했다. 특히 신민회가 서간도로 이주할 한인들을 모집할 때 강원도 책임자로 활동했으며, 안동의 김동삼金東三·이상룡·류인식 등을 신민회와 연결시키고 만주로 이주하도록 요청하기도 했다.

김좌진도 서울로 올라와 신민회원들과 교유하고 있었고, 청년학우회에 참여했다는 기록이 있는 것으로 보아 신민회와 관계가 있었다. 광복회 결성 직후인 1915년 11월경에는 신민회원이었던 감익룡甘翊龍·신효범申孝範과 함께 군자금 모집을 벌이기도 했다. 감익룡은 신민회가 국외 독립운동기지 건설을 추진할 때 만주시찰단으로 참여했고, 안동현에서 독립군기지와 무관학교에 입학할 이주민을 모집했다. 신효범은 신민회에 가입해 활동하다 105인사건으로 옥고를 치른 인물이다. 이처럼 김좌진과 광복회 지도부를 구성했던 인물들은 신민회원이었거나 신민회와 관련이 있었다. 이들이 광복회를 결성한 목적도 신민회와 같이 국외에 독립운동기지를 건설하고 독립전쟁을 준비하는 것이었다.

광복회의 목적은 독립전쟁을 통해 조국을 독립시키는 것이었다. 광복회원들은 원수 일본을 몰아내고 국권을 회복하는 것이 우리 민족의 의무이며, 강토회복과 광복은 당연히 도래한다는 신념을 갖고 있었다. 또한 독립을 달성하는 유일한 방법은 군대를 양성해 무장투쟁을 전개하는 것이었다. 이를 위해 만주에 사관학교를 설치하고 독립군을 양성해 무력을 키우고 일제와 혈전을 벌여 독립을 달성하고자 했다. 광복회는 목적을 이루기 위해 다음과 같은 투쟁강령을 세웠다.

1. 부호의 의연義捐 및 일본인이 불법 징수하는 세금을 압수하여 무장을 준비한다.
2. 남북만주에 사관학교를 설치하여 독립전사를 양성한다.
3. 종래의 의병 및 해산군인과 만주 이주민을 소집하여 훈련한다.
4. 중아中俄제국에 의뢰하여 무기를 구입한다.
5. 본회의 군사행동, 집회·왕래 등 일체 연락기관의 본부를 상덕태상회尙德泰商會에 두고 한만韓滿 요지와 북경·상해 등에 지점 또는 여관·광무소 등을 두어 연락기관으로 한다.
6. 일본인 고관 및 한인 반역자를 수시수처隨時隨處에서 처단하는 행형부

行刑部를 둔다.

7. 무력이 완비되는 대로 일본인 섬멸전을 단행하여 최후의 목적을 달성한다.

광복회의 투쟁강령은 '무력준비 · 무관양성 · 군인양성 · 무기구입 · 기관설치 · 무력전'이었다. 투쟁강령 대부분이 무력을 준비하는 것이었으며, 이는 독립전쟁을 위한 방략이었다. 광복회는 만주에 무관학교를 세우고자 했으며, 의병과 해산군인을 중심으로 군대를 양성하고자 했다. 그리고 한인을 만주로 이주시키고, 이들로 하여금 농토를 개간케 해서 식량과 병력을 공급할 계획이었다. 광복회의 이러한 목적은 조직체계에서도 명확하게 드러난다. 광복회 지휘장으로 활동했던 우재룡禹在龍의 『백산실기白山實記』에 의하면, 광복회는 다음과 같은 조직체계를 갖추고 있었다.

사령관 : 박상진

지휘장 : 우재룡 · 권영만權寧萬

재무부장 : 최준崔俊

사무총괄 : 이복우李福雨

경상도지부장 : 채기중蔡基中

충청도지부장 : 김한종金漢鍾

전라도지부장 : 이병찬李秉燦

경기도지부장 : 김선호金善浩

함경도지부장 : 최봉주崔鳳周

평안도지부장 : 조현균趙賢均

황해도지부장 : 이해량李海量

강원도지부장 : 김동호金東浩

만주 안동여관 : 손회당孫晦堂

봉천 삼달양행 : 정순영鄭淳榮

만주사령관 : 이석대李奭大, 이석대 체포 후 김좌진

광복회는 '회'라는 온건한 명칭을 사용한 반면 '사령관·지휘장' 등 군대식 조직체계를 갖추고 있었다. 이것은 결성 시점부터 독립전쟁을 수행하기 위한 체제로 출발했다는 것을 말해준다. 광복회는 '만주 및 해외동포 거주지에 무관학교를 세워 병사양성 및 무기비축'을 위한 단체임을 강조하며 회원들을 모집해 전국적 조직으로 확대·발전시켜 나갔다.

광복회가 가장 중점적으로 추진했던 사업은 군자금 모집이었다. 결성 목적을 달성하기 위해서는 막대한 자금이 필요했기 때문이다. 그러나 일제 무단통치하에서 자금을 모집하는 것에는 많은 제약이 따랐다. 그리하여 회원들은 자신들의 자산을 광복회에 제공해 자금을 조달하거나 활동비용으로 활용했다.

충청도 지부원인 장두환은 무기구입비로 400원을 제공하고 자신의 재산을 광복회에 헌납했다. 만주 연락기관이었던 안동여관·삼달양행·상원양행 등도 황해도 지부장 이관구를 비롯한 광복회원들의 자산출원에 의한 것이었다. 총사령 박상진이 설립한 상덕태상회나 영주의 대동상점 등도 회원들의 자산으로 설립된 경우다. 하지만 이러한 방법은 지속성을 갖기 어려운 한계를 가지고 있었고, 사관학교 설립과 군대를 양성하는 데는 턱없이 부족했다. 따라서 광복회는 다양한 방법으로 자금을 모집해야 했다. 그리하여 일제의 우편마차를 공격해 세금을 탈취하기도 하고, 일본인 소유의 광산을 공격해 자금을 확보하기도 했다. 또한 화폐를 위조해 자금으로 조달하기도 했으며, 부호들에게 의연금을 모집

豫審終結決定

忠清南道牙山郡塩峙面新中里
無職 出生地同所

李起衍 当三十五年

京城府貫鐵洞二百十四番地安勝再方
南道稷山郡豊井面李尒洞生

甘翊龍 当三十七年

決定原本

京城府二村洞二百二十二番地安勝
黃海道信川郡蘆月面貝櫨洞生

申孝範 当二十八年

京城府齋洞二十八番地鍍業申信
南道洪城郡高道面上村里生

金佐鎭 当二十九年

忠清南道洪城郡洪城面玉岩里
一統二戶 鍍業 出生地同所

崔益煥 当二十八年

慶尚北道尚州郡牟西面三浦里
四統四戶 農 出生地同所

成奎植 当三十八年

全羅北道益山郡裡安面裡城里 農 成
鏡南道利原郡西面文坪里生

姜錫龍 当三十七年

決定原本

京城府笠井町二百番地米穀商
慶尚北道尚州郡牟西面芝山洞生

成郁煥 当三十年

右李起衍、甘翊龍ニ對スル保安法違反
詐欺及強盗、申孝範ニ對スル保安法
違反及強盗、金佐鎭、崔益煥、成奎
植、姜錫龍、成郁煥ニ對スル保安
法違反各被告事件ニ付豫審ヲ遂ケ
決定スル如左

김좌진 판결문(1917년 3월 28일, 경성지방법원)

하기도 했다.

김좌진의 광복회에서의 임무도 자금 모집이었다. 시작은 1915년 11월경부터였으며 최익환·이기필·강익룡·신효범·성규식成奎植·강석룡姜錫龍·성욱환成郁煥 등과 함께 했다. 이들은 서울과 경북 일대에서 자금을 모집했으나 1917년 3월 체포되었다. 이후 이기필·강익룡·신효범만 재판에 회부되고, 김좌진·최익환을 비롯해 5명은 예심에서 면소판정을 받고 풀려났다. 이기필·강익룡·신효범이 재판과정에서 김좌진과의 연관성을 밝히지 않아 구체적인 활동상은 알 수 없다. 하지만 김좌진이 광복회 결성 초기부터 참여하고 있었고, 국망 이전부터 국권회복을 펼쳤던 동지들과 함께 활동하고 있었다는 것을 알 수 있다. 강익룡과 신효범은 신민회원이었고, 이기필은 기호흥학회 홍성지회에서 함께 활동했던 이였다. 그리고 최익환은 서대문형무소에서 만난 사이였다.

김좌진은 풀려난 후 바로 활동을 재개했고, 화폐 위조로 자금 모집을 시도했다. 광복회는 '화폐를 위조해 정화正貨로 바꾼다'는 자금 모집 방법을 세우고 있었다. 김좌진은 이 계획에 따라 중국 단동에서 중국 지폐를 위조할 것을 계획하고 1917년 음력 4월 자금 마련을 시작했다. 방법은 중국에서 유통되는 중국 지폐를 위조한 후 정화로 교환해 자금으로 사용하는 것이었다. 김좌진은 지폐 위조에 필요한 기계구입을 위해 이기홍·윤영상·이현삼으로부터 1,200여 원을 제공받았다. 화폐 위조 계획은 고향인 홍성을 중심으로 추진되었다. 기계구입 자금을 제공한 이현삼·윤영상 뿐만 아니라 참여자 대부분이 홍성에 거주하고 있었다. 김좌진의 계몽의식 형성에 기여한 김석범도 함께 했다.

이들은 중국 지폐뿐만 아니라 국내에서 유통되는 50전 동전을 위조하기도 했다. 동전 위조는 성공했고, 이를 대량으로 제작하기 위해 기계설계까지 마쳤다. 김좌진이 화폐 위조를 통한 자금 모집을 시작할 무렵 광복회는 의연금 모집도 시작했다. 광복회는 의연금 모집과 화폐 위조를 통한 자금 모집을 동시에 추진했고, 위폐제조 책임을 김좌진에게 맡겼던 것이다. 그러나 화폐위조를 통한 자금모집은 필요한 기계 구입비 모집 중 일제에게 발각되어 성공하지 못했다. 이후 김좌진도 일제 경찰의 추적을 받기 시작했다.

광복회 만주 책임자가 되어 파견되다

일제가 광복회의 존재를 파악하기 시작한 것은 1917년 8월 부호들에게 자금 모집을 위해 발송한 통고문이 발각되면서부터였다. 광복회의 주된 자금 모집 방법은 부호들에게 의연금을 모집하는 것이었다. 의연금 모집은 통고문을 발송하고 일정기간이 지난 뒤에 광복회원들이 찾아가 받아 오는 형식으로 이루어졌다. 자산가는 각 도 지부에서 조사가 이루어졌으며, 1917년 8월 전국의 부호들에게 다음과 같은 포고문을 발송했다.

> 슬프다. 우리 동포여! 지금은 어떠한 때인가. 4천 년 종사宗社는 멸망하고 우리 2천만 민족은 노예가 되어 나라의 치욕과 백성의 굴욕이 극에 달했다. 슬프다. 저 왜놈들은 오히려 이에 만족하지 못하고 나날이 식민 탄

압을 더하여, 우리들의 생명과 재산을 멸망시키려고 기세등등하고 있다. 그러나 우리 동포는 아직도 이를 깨닫지 못하고 점진적으로 재앙이 오고 있음을 알지 못하며 근시안적인 방법만으로 대책하고 있다. 깨진 둥지에 어찌 완전한 계란이 있겠는가? 자자손손 남김없이 침략자의 희생이 되고 수많은 재산과 보물 역시 타인의 창고로 들어가니 이를 생각하면 피눈물이 쏟아진다.

우리 조국을 회복하고 세상의 원수에서 우리 동포를 구하려는 이유는, 역사적 사명을 가진 우리들이 하지 않으면 안 되는 이유이기 때문이다. 이러하므로 본 광복회는 성패와 이익을 돌보지 않고 죽음을 무릅쓰고 창립하여 이미 십여 성상星霜을 경과하였다. 그동안 겪은 수많은 어려움은 일일이 나열하기 어려우며, 국내외 동포도 이러한 우리의 거사에 많은 관심을 보였다. 그러나 아직도 본 광복회의 목적을 이루지 못한 것은 우리 민족이 일체감이 부족하여 관습대로 살아왔기 때문이다. 이에 큰 소리로 꾸짖어 우리 동포에게 고하노니, 다행이 이를 경시하지 말고 마음을 기울여 한 번 생각하기 바란다.

옛날에 한漢나라 임금인 무제武帝가 오랑캐인 흉노를 공격하여 자등自登이라는 사람의 치욕을 복수하려 할 때, 한나라 세력은 흉노의 열 배였다. 그러나 복식卜式이라는 사람은 오히려 '지식인이라도 변방에서 죽고 재력가는 마땅히 기부하라'고 하였다. 이것은 복식이라는 사람이 한족들에게 그 의무를 다하게 하려고 말한 것이다. 지금 우리 민족은 그렇지 않아 지략이 있는 사람이라도 그걸 개인의 능력으로만 간주하니, 이것이 헌납하는 것에 수긍하지 않는 이유이다. 우리 동포의 생각이 어찌 이다지도 모자라는가. 우리가 힘을 규합하면 그대로 성공할 가능성이 많다.

재력으로 도와주는 힘도 아직은 부족하지 않다. 단지 모자라는 것은 합치된 열정이다. 어찌 통곡하며 눈물을 흘릴 일이 아닌가. 원컨대 우리 동포는 복식처럼 조국을 위하는 마음을 가지고, 지혜로운 자는 서로 애국애족하며 단결해서 본 광복회의 의로운 깃발이 제대로 발휘할 때를 기다려야 하며, 재력 있는 사람은 각기 의무를 다하기 위해 미리 돈을 마련하여 본 광복회의 요구에 응해야 하지 않겠는가. 나라는 되찾아야 할 것이고, 왜놈은 토벌되어야 하며, 공적은 세운 다음 기다려야 할 것이다. 그날은 어찌 즐겁고 장하지 않겠는가.

만약 흉적에 아부하여 기밀을 누설하고 재앙을 동포에게 넘기거나 또는 본 광복회의 규약을 준수하지 않고 기회를 그르치는 자들은 본회가 정한 규칙에 따라 처벌한다. 슬프다. 우리 동포는 뜨거운 마음과 피로써 이 기회를 통해 서로 돕고 각각 맡은 바 임무를 수행하기 바란다.

동東으로 향하여 눈물을 닦으니 가슴이 먹먹하고 답답하노라.

광복회 창립 제13년 8월 15일

광복회 인

위의 포고문은 대자산가에게 보낸 통고문이다. 소자산가들은 각 도 지부에서 고시문이나 경고문을 발송해 모금했다. 통고문 발송 대상은 지부원들이 상세하게 조사한 뒤 정해졌고, 의연금도 대자산가는 1만 원 이상, 소자산가는 100원에서 1만 원 사이로 차등을 두었다. 비밀을 유지하기 위한 방법도 치밀했다. 자산가 명단은 소금물로 작성해 불에 쬐

어야만 글씨가 보이게 했다. 통고문에는 광복회 명의의 인장을 찍어 이를 절반으로 나누어 한쪽을 통고문에 첨부하고, 다른 한쪽은 자금 모집 때 제시해 광복회원임을 증명하는 방법으로 이용했다. 비밀결사인 만큼 은어隱語를 사용하고 무기 전달은 합표合標를 만들어 사용했다. 또한 통고문을 받은 자산가들이 신고할 것에 대비해 다음과 같은 주의사항을 첨부하기도 했다.

제일. 본회 회원은 우리나라 각 지방에 산재散在하여 각위各位의 행동을 사찰하는 것이니 본회의 명령을 고수堅守하며 바라건대 비밀을 지킬 것

제이. 본회에서 지정한 할당 금액은 반드시 음력 8월까지 준비하여 본회의 청구를 기다릴 것

제삼. 본회 특파원을 만났을 때에는 지령의 부호(암호)를 바르게 살펴 사람들이 속는 일이 없도록 할 것

제사. 본회는 징계규칙에 의하여 각각 행동을 보아 시행할 것이니 스스로 잘못을 범하는 일이 없도록 할 것

그러나 의연금 모집은 1천 원 정도에 머물렀다. 식민지배가 시작된지 얼마 되지 않은 시점임에도 부호들은 식민체제에 안주하려는 성향을 보였다. 대부분의 통고문 수령자들은 일제경찰에 신고하거나 의연금 모집에 협조하지 않았다. 신고를 받은 일제는 광복회를 추적하기 시작했다. 1917년 음력 6월부터 김좌진의 화폐 위조 사건의 단서를 발견하고,

박상진

이를 추적하고 있던 시기였다.

일제의 추적이 시작되자 광복회는 김좌진의 만주 파견을 결정했다. 광복회는 사관학교 설치와 독립군 양성을 위해 만주 본부를 설치하고, 부사령을 임명해 국내 조직과 연계해 독립군 양성의 책임을 맡겼다. 만주 부사령은 황해도 의병장 출신인 이석대(본명 이진룡李鎭龍)가 맡았다. 그러나 이진룡이 1917년 5월 일제에 체포되자 그의 후임으로 김좌진을 파견하기로 한 것이다.

김좌진의 만주 파견은 1917년 8월 서울 거점인 어재하魚在河의 거처에서 이루어졌다. 김좌진은 사령관 박상진, 충청도 지부장 김한종과 송별 모임을 가졌다. 송별 모임에 대해서는 충청도 지부원으로 활동했던 김재풍金在豊의 『호석수기』에 자세히 기록되어 있다.

> 만주에 양병養兵학교를 건립하여 전사戰士를 양성키로 약정하고 백방으로 운동하던 중 동년(1917) 8월경에 경성 남문 밖 남문여관 어재하 방에서 김좌진과 모임을 갖고 6만 원을 최준崔俊에게 의뢰하고, 여비 약간은 어재하가 제공하여 김좌진을 만주로 보내어 양병학교 경영을 착수케 하고 전별시 한 수씩을 지었다.

어재하는 기생이었고, 그의 거처는 광복회원들의 활동거점이었다. 광복회는 만주로 떠나는 김좌진에게 군자금을 제공했고, 어재하는 여비를 지원했다. 박상진은 만주로 떠나는 김좌진을 위해 다음과 같은 시를 지어 그를 송별했다.

가을 깃든 압록강 너머 그대를 보내니 鴨江秋日送君行
쾌히 내린 그대 단심 우리들 서약 밝게 해주네 快許丹心誓約明
칼집 속의 용천검 빛 북극성에 이를지니 匣裏龍泉光射斗
공을 세운 그날에 개선가 소리 들리리라 立功指日凱歌聲

충청도 지부장 김한종도 김좌진을 위한 전별시를 지었다.

오늘 만주로 떠나는 그대를 전송하노니 今日送君渡滿行
의를 행할 칼 가을 물에 그 마음 밝게 비치도다 劍頭秋水照心明
많은 정성 모여 능히 대업을 이루리니 衆誠合處能成業
서로 이겨 만날 때 반드시 큰 외침 있으리라 相克逢時必有聲

김좌진은 광복회 부사령이란 막중한 책임을 맡고 만주로 떠났다. 김좌진이 떠난 후에도 광복회의 의연금 모집은 계속되었고, 일제의 수사도 좁혀오고 있었다. 이즈음 일제를 더욱 당황케 만든 사건이 터졌다. 1917년 11월 경상도 관찰사를 지냈던 칠곡 부호 장승원이 광복회원들에게 처단되었던 것이다. 광복회는 장승원 처단 후 그의 집에 '나라를 광복하려 함은 하늘과 사람의 뜻이니 이 큰 죄를 꾸짖어 우리 동포를 경계하노라. 曰維光復 天人是符 聲此大罪 戒我同胞 꾸짖는 자 광복회원 聲戒人 光復會員'

大正八年刑上第九八六號

判決書

慶尚北道慶州郡外東面麗洞里
在籍居住 農
被告人 朴尚鎭
三十七年

同道榮州郡豊基面東部洞在籍
居住 農 小夢事
被告人 蔡基中
四十八年

忠清南道禮山郡光時面新興里
在籍 居住 農

被告人 金漢鍾
三十七年

慶尚北道榮州郡鳳峴面魯佐洞
在籍居住 農 鳳柱又ハ東根事
被告人 林世圭
四十一年

忠清南道青陽郡赤谷面冠峴里
在籍居住 農 永根事
被告人 金敬泰
四十二年

同道禮山郡光時面新興里在籍
居住 米穀商

被告人 金在昶
三十三年

右保安法違反恐喝殺人強盜銃砲火藥類取締令違反被告事件ニ付大正八年九月廿二日京城覆審法院ニ於テ言渡シタル判決ニ對シ被告等ヨリ上告ヲ申立タリ依テ當院ハ朝鮮總督府檢事草場林五郎ノ意見ヲ聽キ判決スルコト左ノ如シ

主 文

광복회원 판결문(1920년 3월 1일, 고등법원)

이라는 사형선고문을 남겨 그의 처단이 광복회 활동임을 밝혔다. 이것은 광복회의 의협투쟁이었다. 광복회는 의연금 모집이 원활치 않자 광복회가 독립운동단체임을 알리고, 식민체제에 안주하려는 친일세력들이 경각심을 갖도록 하기 위해 광복회 명의의 사형선고문을 남겼던 것이다.

광복회의 출현은 일제를 긴장시켰다. 일제는 1910년 강제 병합 후 헌병경찰을 동원해 철저하게 감시와 통제를 하고 있었다. 이러한 통제에도 불구하고 전국적 조직의 독립운동단체가 출현했다는 것은 충격적인 일이었다. 일제는 충청도를 중심으로 조사를 시작했다. 통고문이 중국 단동·신의주·인천 등 국내외에서 발송되었지만 수신자 주소가 정확했다는 점과, 충청도에 가장 많은 통고문이 발송되었다는 점에 주목했다. 또한 의연금이 자산에 비례해 배당했다는 것은 지역에 연고가 있는 조직이 아니면 불가능하다고 보았기 때문이다.

일제의 수사망은 점점 좁혀왔다. 그럼에도 광복회의 의협투쟁은 계속되었다. 1918년 1월 충청도 지부원들은 친일인사였던 도고면장 박용하를 처단했다. 박용하 처단은 지부장 김한종과 장두환張斗煥이 주도했으며, 김경태金敬泰와 임세규林世圭가 실행했다. 그의 집에도 어김없이 사형선고문이 남겨져 있었다. 이것은 일제가 외부 출입이 잦았던 천안의 충청도지부원 장두환을 주목하고 있는 상황에서 이루어진 것이었다. 일제는 곧바로 장두환을 체포했다. 장두환에 이어 김한종을 비롯한 충청도 지부원들이 체포되고, 2월에 사령관 박상진, 6월에는 이관구를 비롯해 황해도·평안도 지부원들이 연이어 체포되었다. 같은 해 8월 채기중과 전라도 지부원들이 체포되면서 광복회는 파괴되었다. 체포되어 재판을 받은 광복회원들은 40여 명에 달했다. 이들 중 박상진·채기중·김한종·임세규·김경태는 사형을 선고받고 순국했으며, 장두환은 옥중에서 순국했다. 나머지 회원들은 징역 1년에서 15년형을 선고받고 옥고를 치렀다. 김좌진은 만주에 부사령으로 파견되어 체포를 면할 수 있었다. 체포되지 않은 다른 광복회원들은 만주로 피신하거나 국내에 은둔하며 재기를 도모했다.

청산리 독립전쟁을 준비하다 03

대한독립선언서 대표가 되다

김좌진은 만주부사령의 임무를 띠고 압록강을 건넜다. 그는 길림吉林으로 향했다. 길림에는 광복회가 독립군 양성을 위해 만주 본부로 설치한 길림광복회가 있었다. 광복회는 1915년 12월 우재룡을 파견해 손일민孫一民·주진수朱鎭洙·양재훈梁載勳·이홍주李洪珠 등과 길림광복회를 설치했다. 이때는 광복회 조직을 정비하고 확대하는 과정으로, 아직 국내지부가 설치되기 전이었다. 길림광복회를 빠르게 설치한 것은 지도부가 독립군 양성을 위해 만주조직의 필요성을 절감했기 때문이었다. 광복회는 길림에 본부를 두고 서간도 지역을 중심으로 안동여관安東旅館·삼달양행三達洋行·상원양행尙元洋行 등 연락거점을 설치했다. 광복회는 길림광복회를 만주사령부로 설치하고, 독립군 양성과 국내에서 사용할 무기를 조달할 계획이었다.

그러나 김좌진은 만주부사령의 책임을 다할 수 없었다. 그가 만주로

압록강 철교

파견된 후 광복회 국내조직이 발각되어 조직이 파괴되었기 때문이다. 그러나 광복회 만주부사령이 아니어도 길림은 김좌진이 독립운동을 펼칠 수 있는 무대였다. 길림은 북만주뿐만 아니라 만주를 통틀어 지리적으로 중앙에 위치해 있었고, 인근에 한인사회가 형성되어 있어 만주지역 독립운동의 중심지가 되기에 충분했다. 길림에는 이미 많은 민족운동가들이 활동하고 있었고, 김좌진은 이들과 함께 만주 항일투쟁을 시작할 수 있었다.

김좌진의 만주 항일투쟁은 1919년 2월 발표된 「대한독립선언서」에 대표로 서명하면서 시작되었다. 일명 「무오독립선언서戊午獨立宣言書」로 불리는 대한독립선언은 국외에서 활동하던 독립운동가들의 독립에 대

大韓獨立宣言書

我大韓同族男妹와曁我遍球友邦同胞아我大韓

玆에異族專制의虐壓을解脫하고大韓民主의自

……

自覺한獨立인것을記憶할지며東洋平和를保障하고人類平等을實施키爲한自立인것을銘心할지며

一切邪網에서解脫하는建國인것을確信하야肉彈血戰으로獨立을完成할지어다

檀君紀元四千二百五十二年二月 日

가나다順

金敎獻 金奎植 金東三 金躍淵 金佐鎭 金學萬 鄭在寬 趙鏞殷

呂準 柳東說 李光 李大爲 李東寧 李東輝 李範允 李奉雨

李相龍 李世永 李承晩 李始榮 李鍾倬 李沰 文昌範 朴性泰

朴容萬 朴殷植 朴贊翊 孫一民 申檉 申采浩 安定根 安昌浩

任邦 尹世復 曹煜 崔炳學 韓興 許爀 黃尙奎

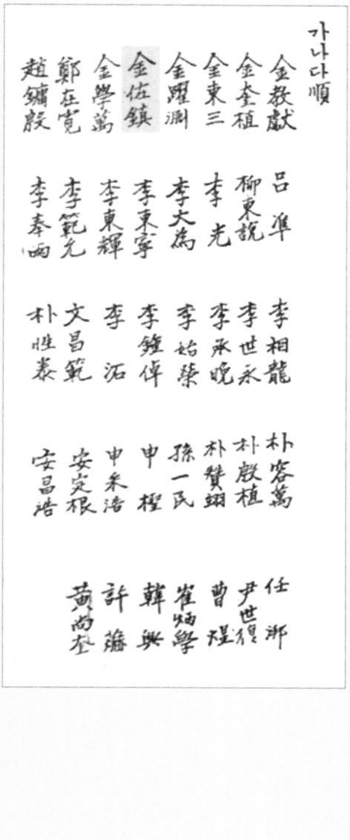

가나다順

金敎獻 金奎植 金東三 金躍淵 金佐鎭 金學萬 鄭在寬 趙鏞殷

呂準 柳東說 李光 李大爲 李東寧 李東輝 李範允 李奉雨

李相龍 李世永 李承晩 李始榮 李鍾倬 李沰 文昌範 朴性泰

朴容萬 朴殷植 朴贊翊 孫一民 申檉 申采浩 安定根 安昌浩

任邦 尹世復 曹煜 崔炳學 韓興 許爀 黃尙奎

대한독립의군부에서 작성한 「대한독립선언서」

한 강력한 결의가 담겨 있는 것으로, 해외 무장독립운동 세력의 입장을 밝힌 것이었다.

우리 대한 동족 남매와 온 세계 우방 동포여!

우리 대한은 완전한 자주독립과 신성한 평등복리로 우리 자손 여민(백성)에 대대로 전하게 하기 위하여, 여기 이민족 전제의 학대와 억압을 해탈하고 대한 민주의 자립을 선포하노라.

우리 대한은 예로부터 우리 대한의 한韓이요, 이민족의 한韓이 아니라, 반만년사의 내치외교內治外交는 한왕한제韓王韓帝의 고유 권한이요, 백만방리의 고산려수高山麗水는 한남한녀韓男韓女의 공유 재산이요, 기골문언氣骨文言이 유럽과 아시아에 뛰어난 우리 민족은 능히 자국을 옹호하며 만방을 화협하여 세계에 공진할 천민天民이라, 우리나라의 털끝만한 권한이라도 이민족에게 양보할 의무가 없고, 우리 강토의 촌토村土라도 이민족이 점유할 권한이 없으며, 한 사람의 한인韓人이라도 이민족이 간섭할 조건이 없으니, 우리 한韓은 완전한 한인의 한韓이라.

슬프도다, 일본의 무력이여. 임진 이래로 반도에 쌓아 놓은 악은 만세에 엄폐할 수 없을지며, 갑오 이후 대륙에서 지은 죄는 만국에 용납치 못할지라. 그들이 호전好戰 악습은 자보自保니 자위自衛니 구실을 만들더니, 마침내 하늘에 반하고 인도에 거스르는 보호 합병을 강제하고, 그들의 윤맹패습淪盟悖習은 영토보존이니 문호개방이니 기회균등이니 삼다가 필경 몰의무법沒義無法한 밀관협약密款脅約을 강제로 맺고, 그들의 요망한 정책은 감히 종교를 핍박하여 신화神化의 전달을 저희沮戱하였다. 학자를 압제하여 문화의 유통을 막고, 인권을 박탈하며 경제를 농락하며 군경軍警의 무단과 이민이 암계暗計로 한족을 멸하고 일인을 증하려는滅韓殖日 간흉을 실행한지라. 적극 소극으로 한족을 마멸시킴이 얼마이며, 십년 무단武斷의 작폐가 여기서 극단에 이르므로 하늘이 그들의 악덕을 꺼리어 우리에게 좋은 기회를 주실 새, 하늘에 순종하고 인도에 응하여 대한독립을 선포하는 동시에 그가 우리나라를 강제로 병탄한 죄악을 선포하고 징계하노라. 1. 일본의 합병 동기는 그의 소위 범일본주의를 아시아에서 사행肆行함이니 이는 동양의 적이요, 2. 일본의 합방수단은 사기와 강박과 불법무도한 무력폭행을 극도로 써서 된 것이니 이는 국제법규의 악마이며, 3. 일본의 합방 결과는 군대 경찰의 야만적 힘과 경제압박으로 종족을 마멸하며 종교를 강박하고 교육을 제한하여 세계 문화를 저해하였으니 이는 인류의 적敵이라. 그러므로 하늘의 뜻과 사람의 도리와 정의법리에 비추어 만국의 입증으로 합방 무효를 선포하며, 그의 죄악을 응징하며 우리의 권리를 회복하노라. (중략)

궐기하라, 독립군! 일제히 독립군은 천지를 바르게 한다. 한번 죽음은 사람의 면할 수 없는 바이니, 개 돼지와도 같은 일생을 누가 원하는 바이랴. 살신성인殺身成仁하면 2천만 동포와 동체同體로 부활할 것이니 일신을 어찌 아낄 것이냐. 집을 기울여 나라를 회복하면 3천리 옥토는 자가의 소유이다. 일가의 희생을 어찌 아깝다고만 하겠느냐.

아아! 우리 마음이 같고 도덕이 같은 2천만 형제자매여! 국민된 본령을 자각한 독립인 것을 명심할 것이요, 동양평화를 보장하고 인류평등을 실시하기 위해서의 자립인 것을 명심할 것이며, 황천의 명명明命을 받들고

이동휘

김원봉

이상룡

일체의 사악邪惡으로부터 해탈하는 건국建國인 것을 확신하여 육탄 혈전함으로써 독립을 완성할 것이다.

단군기원 4252년 2월 일

대한독립선언서는 일제에게 독립전쟁을 선포한 것이었다. '일제의 한국병합은 일본이 한국을 사기와 강박, 무력을 동원하여 강제로 합병한 것이므로 무효'임을 주장하고, 한국이 완전한 자주독립국이며 민주자립국임을 선언했다. 또한 경술국치는 일본에 주권을 양도한 것이 아니라 융희황제가 주권을 국민에게 넘겨준 것으로 해석하고, 일본을 응징해야 할 적으로 규정했다. 그러므로 일본을 응징해야 할 이유를 밝히고, 독립군의 총궐기와 한민족 전체의 육탄혈전을 촉구하며, 독립전쟁은 하늘의 뜻과 대동평화를 실현하기 위한 신성하고 정의로운 전쟁임을 선언했다.

이시영

박용만

신채호

선언서 끝에는 김교헌金敎獻 · 김동삼 · 김약연金躍淵 · 김좌진 · 이동휘 · 이상룡 · 이승만李承晩 · 이시영李始榮 · 박용만朴容萬 · 박은식 · 신채호 · 안창호 등 39명의 대표자 이름이 적혀있다. 이들은 남북만주 · 상해 · 북경 · 미주 · 연해주 등에서 활동하고 있던 독립운동의 최고 지도자들이었다. 이들이 모두 한 곳에 모여 회합을 갖거나 모두의 동의를 얻어 서명한 것은 아니었다. 하지만 김좌진은 당시 길림에 머물고 있었다. 따라서 선언서를 기초한 조소앙趙素昻을 비롯해 정원택鄭元澤 · 박찬익朴贊翊 등과 선언서 작성과 서명에 직접 참여했을 가능성이 높다.

안창호

1919년 2월이면 김좌진이 30세 되는 해이다. 서명자 39명 중 나이가 어린 축에 속했고, 아직 독립운동가로서도 명성을 얻지 못했을 시기였다. 그런 김좌진이 대한독립선언서에 서명할 수 있었던 것은 그의 광복회 경력 때문으로 보인다. 광복회는 1910년대 대표적인 국내 독립운동 단체였고, 광복회가 전개했던 의협투쟁은 의열투쟁의 선구적 역할을 했다. 1919년 길림에서 조직된 의열단도 광복회의 의협투쟁 정신을 계승해 조직되었을 정도였다. 광복회 부사령이었던 김좌진의 지위를 짐작케 하는 대목이다.

국내에서 시작된 3·1운동은 국외까지 파급되어 만주·연해주·미주 등 한인이 거주하는 모든 곳에서 독립선언과 만세운동이 물결쳤다. 3·1운동은 우리 민족 최대의 항일민족운동이었다. 헌병경찰에 의한 일제의 무단통치가 10년 동안 계속되면서 우리 민족은 엄청난 고난을 겪어야 했다. 이런 억압 속에서 우리 민족에게 독립에 대한 희망적인 소식이 전해졌다. 그것은 바로 민족자결주의였다. 1918년 11월 독일이 항복하고 제1차 세계대전이 끝나자 전후문제 처리를 위해 프랑스 파리에서 강화회의가 열리게 되었고, 미국 대통령 윌슨은 각 민족의 운명은 그 민족 스스로가 결정해야 한다는 민족자결주의를 제창했다. 국내외에서 독립운동을 펼치던 독립운동가들은 이러한 국제정세 변화를 이용해 독립을 이루하고자 했다.

때마침 고종이 세상을 떠나 국민들이 고종의 장례에 참석하기 위해 상경하고 있었다. 고종의 장례일을 앞둔 3월 1일, 우리 민족은 전 세계에 민족의 독립의지를 알리기 위해 만세운동을 일으켰다. 그러나 3·1운동은 일제의 무자비한 탄압으로 실패했고, 파리강화회의도 성과 없이 끝나고 말았다. 3·1운동은 1910년대 독립운동을 되돌아보게 했고,

3·1 운동 당시 덕수궁 대한문 앞(위)과 동대문의 모습

서간도 독립운동기지가 개척된 유하현 삼원포

1920년대 독립운동의 방향을 제시했다. 또한 전 세계에 우리 민족의 독립의지와 역량을 알리는 기회가 되었으며, 대한민국임시정부 수립의 원동력이 되었다. 그리고 만주와 연해주지역의 항일무장투쟁이 활성화되는 전환점이었다. 평화적 시위운동과 외교로는 독립을 달성할 수 없다는 사실이 명백해졌기 때문이다. 3·1운동 이후 서북간도 지역에서는 무장독립군 단체들이 조직되기 시작했다. 김좌진은 대한독립선언서를 발표한 대한독립의군부의 후신으로 조직된 길림군정사에 참여해 참모로 활동했다.

길림군정사는 1919년 3·1운동 이후 길림에서 조직된 무장독립운동 단체로, 여준呂準·이상룡·유동열·박찬익朴贊益 등이 주요 인물이었다.

이들은 김좌진과 함께 대한독립선언서에 서명했던 만주지역의 대표적인 독립운동가들이었다. 특히 이상룡은 만주 독립운동을 개척한 지도자였으며, 김좌진이 만주 망명 후 믿고 따랐던 대표적인 독립운동가였다.

이상룡은 안동유림으로 1907년 안동에 설립된 협동학교에 참여해 신교육운동을 이끌었고, 1909년 대한협회 안동지회를 결성해 안동지역 계몽운동을 지도했다. 그는 대한협회 안동지회 취지서와 행동강령을 작성하고, 교육과 실업 진흥을 통해 국권을 회복하고자 했다. 국망 이후에는 서간도로 망명해 김대락金大洛·이회영·이동녕 등과 1911년 경학사耕學社를 조직해 사장으로 활동했다. 이상룡은 만주로 이주한 한인들의 교육과 경제력 향상을 위해 독립운동 기초를 다졌고, 신흥강습소를 설치하고 민족교육과 군사교육을 실시해 독립군 양성의 기반을 마련했다. 신흥강습소는 신흥중학, 신흥무관학교로 발전했으며, 이곳에서 배출된 졸업생들은 봉오동·청산리전투를 비롯해 항일 무장투쟁의 주요 재원이 되었다. 이상룡은 경학사 후신으로 조직된 부민단에 참여해 한인 교포사회를 지도했으며, 3·1운동 후에는 한족회와 서로군정서를 설립해 항일 무장투쟁을 이끌었다.

김좌진은 만주 망명 이후 이상룡을 찾아갔다. 만주 독립운동을 이끌고 있던 그를 만나 독립운동방략에 대한 논의를 하기 위함이었을 것이다. 이상룡의 문집인 『석주유고石州遺稿』에는 김좌진과의 만남을 다음과 같이 기록하고 있다.

무오년(1918)에 무예 연습하는 것을 보기 위해 밀십하密什合(현재 길림성

신흥무관학교 병영 자리

신흥강습소 훈련 장소(유하현 삼원포 추가가)

화전시 金沙鄕)에 가서 머물렀는데, 김좌진이 서울에서 왔다. 부군(이상룡)이 그와 대화를 하고는 의기가 서로 계합契合하여 드디어 결탁하기로 허락하였다.

서일

김좌진과 이상룡의 만남은 주진수가 주선했을 가능성이 높다. 주진수는 이상룡에게 신민회의 만주 독립운동기지 건설 소식을 전하고, 만주 망명을 요청했던 이였다. 국망 후에는 광복회원으로 길림광복회를 결성하기도 했다. 김좌진도 만주부사령으로 길림에 왔으나 국내조직 파괴로 활동을 할 수 없게 되자, 이상룡을 찾았던 것이다. 이상룡은 대담 후 김좌진의 독립운동에 대한 신념을 확인했고, 그를 동지로 받아들였다. 김좌진은 이상룡과 독립운동을 함께 하고자했다. 하지만 이상룡이 한족회와 서로군정서를 조직하고, 김좌진이 대한정의단 서일徐一 총재의 초빙으로 왕청汪淸으로 오면서 함께 하지 못했다.

서일과의 만남, 대한정의단

김좌진은 대한정의단에 합류하기 위해 길림에서 왕청으로 향했다. 대한정의단은 1919년 5월 왕청현에서 조직된 무장독립운동단체였다. 1919년 3·1운동 후 만주지역에서는 항일무장단체들이 폭발적으로 증가하기 시작했다. 항일무장단체들이 조직될 수 있었던 것은 1910년대 독립운동가들의 만주 이주와 한인사회를 바탕으로 한 독립운동기지 건설이 효과를 거둔 것이었다. 더구나 3·1운동 후 한인 이주가 급격하게 증가하면서 독립전쟁에 대한 기대가 고조된 것도 요인이었다. 독립운동단체들은 군자금모집·무기구입·사관양성·병영건설 등을 추진하며 일제와의 전쟁을 준비했다. 서간도지역은 서로군정서가, 북간도지역은 대한정의단을 기반으로 한 대한군정서가 대표적이었다.

대한정의단은 한인사회를 바탕으로 대중적 기반을 이루고 있었다. 그러나 대한정의단 지도자들은 군사부문에 비전문가였다. 한인 장정들을 독립군으로 모집하거나 군자금 모집을 하는 데는 별 문제가 없었으나, 독립군 편성과 군사훈련을 담당할 인물이 절대적으로 부족했다. 서일 총재의 김좌진 초빙은 이러한 배경에서 이루어졌다.

대한정의단은 1911년 북간도지역 대종교도들이 조직한 중광단重光團에서 출발했다. 현천묵玄天默·백순白純·박찬익·계화桂和·김병덕金秉德 등이 이끌었으며, 단장은 서일이었다. '중광'은 단군교의 부활을 의미하는 것이었으나 중광단의 목적은 종교활동보다는 무장독립운동에 있었다. 그러나 중광단은 무장을 갖추지 못했고, 그러다 보니 군사활동보다는 학교를 세워 민족교육에 치중하고 있었다. 중광단은 3·1운동 후 본격적으로 무장독립운동단체로의 변화를 시도했다. 북간도지역에 다수 거주하고 있던 대종교인들은 기독교·천도교인들과 같이 왕청·연길을 중심으로 만세운동을 펼쳤다. 3월 18일 왕청, 3월 24일과 26일에는 연길에서 거족적인 만세운동이 전개되었다. 이는 김현묵金賢默·현천묵·계화

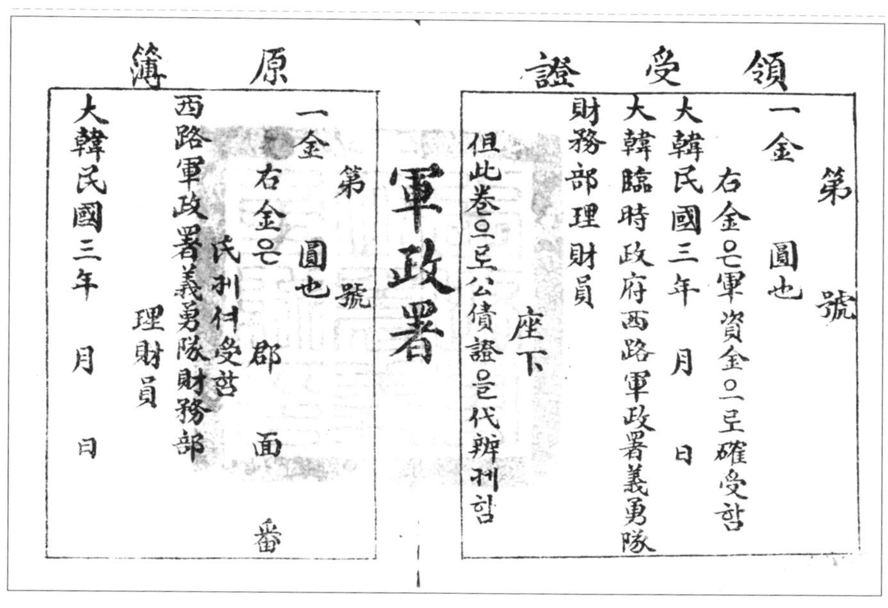

原簿

第　號

一金　圓也

右金은　郡　面　番

氏게付受함

西路軍政署義勇隊財務部

理財員

大韓民國三年　月　日

軍政署

領受證

第　號

一金　圓也

右金은軍資金으로確受함

大韓民國三年　月　日

大韓臨時政府西路軍政署義勇隊

財務部理財員

座下

但此券으로公債證을代辦케함

서로군정서 군자금 영수증

등이 이끌었다. 이들은 모두 대종교인으로 중광단을 이끌고 있던 지도자들이었다.

3·1운동 후 북간도 지역 독립운동가들은 고양된 항일의식을 계기로 무장투쟁을 위해 대한국민회大韓國民會로의 통합을 추진했다. 나라를 빼앗긴 이후 지속적으로 추진해온 독립운동기지 건설로 축적된 민족역량을 결합하고, 체계적으로 항일무장투쟁을 전개하기 위해서였다. 대한국민회는 연길에 본부를 두고 5개 지방지회와 70여 개 지회를 설치해 북간도지역 독립운동을 일원화했다. 중광단도 대한국민회에 합류했다. 그

대종교 3종사(나철, 김교헌, 서일) 묘역

러나 대한국민회는 기독교인 중심의 단체였기 때문에 간부를 선출하는 과정에서 대종교인들은 소외되었다. 대종교도들은 1919년 5월 공교孔教도들과 함께 탈퇴해 대한정의단을 설립했다.

대한정의단은 왕청현에 본부를 두고 5개의 분단과 70여 개의 지단을 설치했다. 설립 직후 별도로 독립군정회獨立軍政會를 설치해 항일무장투쟁을 준비했다. 그러나 대종교도와 공교도들의 연합은 오래 지속되지 못했다. 대한정의단에 대한 입장이 서로 달랐기 때문이다. 대종교도들은 대한정의단이 중광단을 개편했다는 입장이었고, 공교도들은 대종교와 연합해 조직한 것으로 보았다. 더욱이 공교도들은 입헌군주제立憲君主制를 지향하는 보황주의保皇主義 이념을 갖고 있었다. 이로 인해 국민이

주인이 되는 공화주의共和主義를 지향했던 대종교도들과 갈등이 생겼고, 결국 1919년 8월 공교도들이 탈퇴했다. 공교도들이 탈퇴하자 대한정의단은 대종교도들을 중심으로 조직을 정비했다. 대한정의단은 총재부總裁部와 사령부司令部로 이루어졌다. 총재부는 관할구역을 통괄하며 대외업무와 행정업무를 담당했다. 사령부는 군사활동 전담 기관이었으나 무장투쟁을 준비할 인재가 부족했다. 서일은 이러한 문제를 해결하기 위해 길림에 있던 김좌진을 초빙했던 것이다.

김좌진의 대한정의단 참여는 그의 항일투쟁에서 중요한 의미를 갖는다. 김좌진은 만주 항일투쟁 동안 한결같이 대종교를 신봉했다. 그가 대종교에 언제 입교했는지는 알려져 있지 않지만 대한정의단에 참여하면서 대종교를 더욱 신봉하게 되었을 것이다.

대종교는 민족정신을 고취하며 만주항일투쟁에서 큰 역할을 담당했다. 대종교는 만주독립운동의 산실이었으며, 정신적 기반이었다. 대종교는 1910년 나철羅喆 등이 국조國祖 단군을 교조로 세워 1909년 창립한 단군교를 개칭한 것이다. 단군교라는 명칭이 민족주의 성격을 띠고 있어 일제의 탄압이 우려되었기 때문이다. 그러나 국망 이후 탄압이 가중되자 활동무대를 만주로 옮겼다. 1910년 10월 북간도 삼도구三道溝에 지사支司를 설치했고, 1914년 화룡현和龍縣 청파호淸波湖에 총본사를 설치했다. 동시에 서울·상해·러시아 소학령·북간도에 본사를 설치했다.

대종교는 종교로 출발했지만 출발 당시부터 강한 민족주의적 성향을 갖고 있었다. 때문에 대종교의 포교활동 자체가 독립운동으로 여겨질 정도로 독립운동단체 성격이 강했다. 독립운동을 위해 조직된 민족종교

이기 때문에 만주에서 항일투쟁을 벌였던 많은 독립운동가들이 대종교에 입교했다. 대종교 가입 여부를 떠나 만주지역 한인들과 독립운동가에게 대종교는 강렬한 민족의식을 부여했고, 항일투쟁의 정신적 버팀목이었다.

김좌진을 초빙한 서일도 북간도지역의 대표적인 대종교 지도자였다. 그는 함경북도 경원 출신으로 국망 이후 왕청으로 망명했다. 그는 명동학교明東學校를 세워 재만 동포들에게 민족교육을 실시하며 자주독립의식을 심어주었다. 서일은 대종교 시교사施教師로서 북간도지역 대종교 전파에 크게 공헌했다. 또한 그는 북간도 동도본사東道本司의 책임자였으며, 대종교 경전인 『오대종지강연五大宗指講演』·『회삼경會三經』 등을 저술하기도 했다. 그의 이러한 능력을 본 2대 교주 김교헌金教獻은 그에게 교통教統을 전수하려 했을 정도였다.

김좌진이 북만지역에서 항일투쟁을 펼칠 수 있었던 배경에는 바로 대종교가 있었다.

국내에서 군자금을 모집하다

김좌진은 만주 망명 이후에도 국내와 관계를 지속적으로 유지했다. 그의 독립에 대한 방략은 군대를 양성해 일제와 전쟁을 벌이는 것이었고, 궁극적으로는 독립군을 이끌고 국내로 들어와 전쟁을 벌이는 것이었다. 또한 만주에서의 항일투쟁 기반도 국내로 인식하고 있었다. 김좌진은 이를 위해 국내로 특파원을 파견해 비밀결사를 지원했다.

3·1운동 후 국내독립운동도 큰 변화가 있었다. 3·1운동을 통해 고조된 독립에 대한 열망을 기반으로 비밀단체들이 조직되기 시작했다. 대한독립애국단·대한민국청년외교단·조선민족대동단·대한민국애국부인회·대한국민회 등이 대표적이다. 이들 단체들은 대한민국임시정부와 연대해 활발한 활동을 펼쳤다. 그러나 이들 단체들은 1919년 말~1920년대 초 일제에 의해 발각되어 조직이 대부분 파괴되었다. 일제의 탄압이 이어지면서 국내 비밀단체들은 비무장 투쟁에서 일제기관의 파괴나 친일파 처단과 같은 의열투쟁 단체로 전환해 갔다. 대한민국임시정부도 1919년 11월 이동휘가 국무총리로 취임하면서 1920년을 '독립전쟁'의 해로 선포하고, 독립전쟁에 대한 의지를 강하게 표명했다. 만주지역 독립운동단체들도 임시정부와 연대를 강화했다. 국내 비밀단체들도 임시정부 및 만주 독립운동단체와 연대하며 국내 활동을 이어갔다.

김좌진도 국내 독립운동단체를 지원했다. 그가 만주 망명 전에 활동했던 광복회원들이 조직한 비밀단체들이 대상이었다. 광복회는 1918년 일제에 의해 파괴되었으나 체포되지 않은 광복회원들은 3·1운동을 계기로 광복단결사대와 주비단을 결성했다. 광복단결사대는 광복회 전라도 지부에서 활동했던 한훈韓焄이 1920년 2월 우재룡·박문용朴文鎔 등과 국내에서 인재를 모아 독립군으로 양성하고, 일제관리 및 친일파를 처단하기 위해 조직했다. 광복단결사대는 1920년 8월 미국 의회 의원들이 조선을 방문한다는 소식을 접하고, 이를 이용해 조선총독 및 일제관리들을 처단하고 일제 관공서와 경찰서 등을 폭파한다는 계획을 세웠다. 당시 미국 의원단은 1920년 8월 관광이라는 명목으로 상·하의원과 그 가족이 상해에서 서울로 들어와 부산을 거쳐 동경으로 갈 예정이었다. 미의원단이 방문한다는 소식에 임시정부뿐만 아니라 만주 독립운동 단체, 국내 독립운동단체들은 연합해 다양한 방법으로 대응 방법을 추진했다. 『동아일보』에 보도된 임시정부의 계획은 다음과 같았다.

첫째 임시정부에서 국내로 발송한 독립청원서를 미의원단에게 전달할 것
둘째 미의원단을 대환영하여 정성껏 대접할 것
셋째 남대문 정거장에서 일제히 만세를 부르고 통곡할 것
넷째 급진파는 의열투쟁을 감행하여 미의원단에게 배일排日 자세를 보일 것
다섯째 미의원단을 살해하여 이를 국내문제로 부각시킴으로써 미일전쟁을 유발하고 독립을 달성토록 할 것

광복단결사대는 의거를 위해 암살단과 연합했다. 암살단은 대한군정서원이었던 김동순이 1920년 음력 3월 국내로 들어와 한훈·김상옥金相玉 등과 조직한 단체였다. 이들은 경찰서 파괴, 조선인 순사 및 친일조선인 처단, 조선인 관리 퇴직 강요 등을 목적으로 했다. 그러나 의거에 사용할 무기가 문제였다. 이 문제 해결에 김좌진의 인맥이 작용한 것으로 보인다. 김동순을 국내로 파견하고 무기를 제공한 이는 대한군정서의 최우송崔友松이었다. 한훈은 김상옥과 함께 1913년 조직된 풍기광복단

원이었고, 김좌진과 함께 광복회에서 활동했던 동지였다. 대한군정서의 김동순이 국내로 잠입해 한훈·김상옥과 쉽게 연합할 수 있었던 것도 김좌진과 한훈이 광복회 동지였다는 인연이 있었기 때문에 가능했다. 한훈도 최우송으로부터 무기를 제공받았다. 그러나 미의원단 방문을 계기로 의열투쟁이 전개될 것을 우려한 일제 군경이 철통같은 경계를 펼치고 있었고, 의거를 하루 앞두고 한훈·김동순 등이 일제에 체포되어 실패로 돌아가고 말았다. 김상옥은 체포를 면했으나 광복단결사대와 암살단 조직은 파괴되고 말았다.

김좌진은 1920년 6월 조직된 주비단을 통해 군자금을 모집하기도 했다. 주비단은 1918년 광복회가 일제에 의해 파괴되었을 때 체포되지 않은 광복회원들이 1920년 광복회를 계승해 조직한 비밀결사로, 임시정부를 지원하기 위한 비밀단체였다. 주비단은 임시정부 뿐만 아니라 만주 독립운동단체와 연계한 활동도 펼쳤으며, 김좌진과 관련되어 있었다. 김좌진과 주비단의 연락은 단원인 김동진金東鎭·김성진金聲鎭·김준한金畯漢·김시현金始顯이 맡았다. 김동진은 김좌진의 친동생이고, 김성진은 종질從姪 사이였으며, 김준한은 9촌 사이였다. 김시현과 김준한은 1919년 9월 길림에서 김좌진을 만나고, 자금모집에 사용할 권총 등을 수령해 국내로 잠입했다. 주비단 부사령인 안종운安鍾雲은 '길림에는 군정사도 나왔으므로 독립은 된다'라는 말로 단원들을 모집해 조직을 확대했다. 주비단원들은 임시정부와 김좌진에게 자금을 보내기 위해 서울과 충청도를 중심으로 자금을 모집했다. 자금 모집 때는 군정서 도장과 영수증을 가지고 했으며, '대한군정서' 인장을 새겨 사령장을 제작하기도 했다.

김좌진이 군자금 모집에 전력을 기울였던 것은 독립군 양성과 무기 구입에 자금이 가장 필요했기 때문이었다. 대한군정서가 국내외에 모연대를 파견해 자금을 모집했던 것도 같은 이유에서였다. 김좌진은 국내에서 자금 지원을 받고자 계속해서 특사를 파견했다.

김좌진은 자금 모집을 위해 국내에 비밀결사를 조직했다. 그는 1919년 음력 6월경 천경수千景洙를 국내로 보냈다. 천경수는 충남 청양 출신인 조병채趙炳彩에게 김좌진의 뜻을 전하고 자금 모집을 부탁했다. 조병채는 1904년 정산의 지계감리의 횡포에 항거해 농민항요農民抗擾를 일으켰던 이였다. 김좌진은 조병채와 함께 비밀단체를 조직하고 자금 모집을 위해 종질從姪인 김영진金瑛鎭을 특사로 국내에 파견했다. 김영진은 조병채와 함께 1919년 음력 10월 충남 논산의 윤상기尹相起 집에서 모임을 갖고 김세진金世鎭 · 신현창申鉉彰 · 백남식白南式 · 윤태병尹太炳 등과 비밀단체인 '대한건국단大韓建國團'을 결성했다. 대한건국단의 조직 목적은 단원들의 판결문을 통해 알 수 있다.

> 김영진·조병채는 조선의 독립을 희망하고 중국 길림에 있는 조선독립운동의 기관인 길림군정부의 군무독판 겸 총사령관이라는 김좌진 등의 행동에 조력을 하여 조선독립운동을 달성시킬 목적으로 동지인 윤상기·이치국·백남식·윤태병 등과 공모하고 조선 각지의 부자들로 하여금 독립운동에 필요한 자금을 제공하도록 하여 이를 김좌진에게 보낼 것을 계획하고(하략)

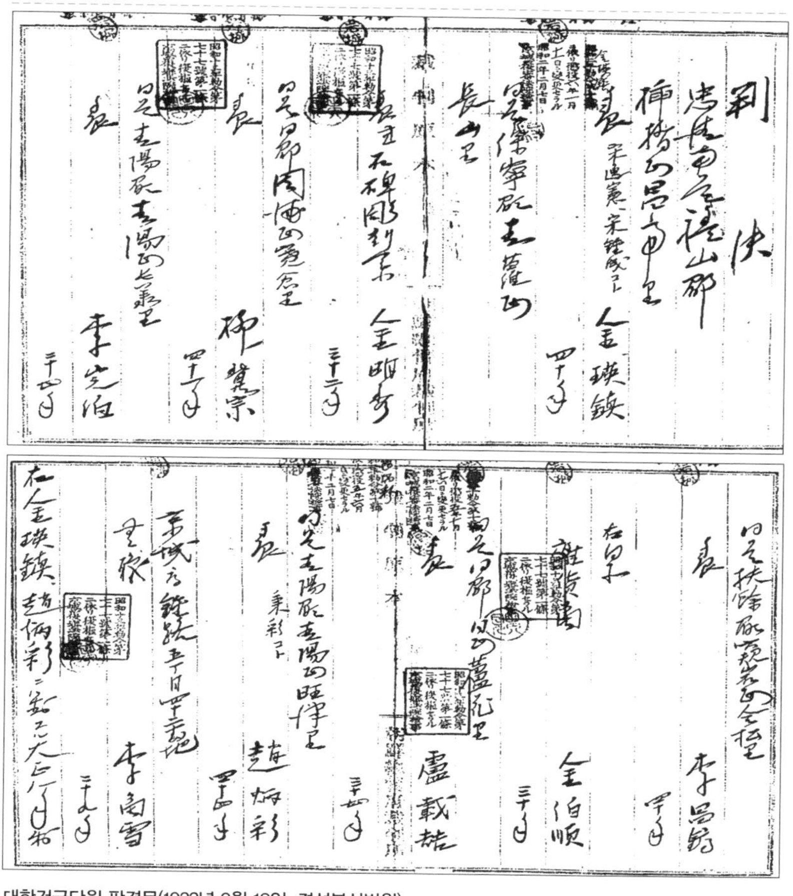

대한건국단원 판결문(1922년 9월 18일, 경성복심법원)

대한건국단은 '자금을 모집해 김좌진에게 송금하고 조선을 독립시킨다'는 목적으로 결성되었던 것이다. 대한건국단원들은 '대한건국단' 취지서를 충청도·전라도 일대에 배포하고, 배일사상을 고취하며 자금을

金佐鎭部下九名

일심을불복공소한김영진등

충청남도례산군삽교면창정리김영진(忠南禮山郡揷橋面昌亭里金瑛鎭)외 팔명은 제령위반으로 공주디방법원에서 아래와 가치 판결이 언도된것을 불복하고 경성복심법원에 공소하얏는대 김영진등은조선독립사상을품고삼작년겨울에 중국길림성(吉林省)으로가서군정부총사령관김좌진(軍政府總司令官金佐鎭)의부하가된후 조선안에서 군자금을모집하야 보내기로하고 그해삼월초순에 륙혈포와 탄환을가지고 조선내디에 드러와서 보령군대천면화산리황오현(保寧郡大川面花山里黃五顯)의집에 드러가서 륙혈포로위협하고 현금팔백이십원을 강탈한것을 위시하야 작년봄까지 전라남북도를 도라다니며 수천원을거두어 간도로 보내다가발각데포된것이라더라

金瑛鎭役懲十年▲閔戴喆懲役九年▲趙炳彩懲役八年▲李雨雪懲役七年▲李昌鎬懲役六年▲沈明秀▲柳英宗▲李完伯▲金伯順懲役各五年

『동아일보』에 실린 대한건국단 관련 기사(1922년 5월 18일자)

모집했다. 그러나 이들의 자금 모집은 원활하지 못했다. 단장인 윤태병과 일부 단원이 1920년 5월 체포되면서 위기를 맞았기 때문이다. 그러나 단원들의 활동이 비밀리에 펼쳐졌고, 이들이 체포되어 신문을 받는 과정에서도 조직의 실체를 밝히지 않아 명맥을 유지할 수 있었다. 김영진도 체포를 피하며 1920년대 말까지 자금을 모집했다.

대한건국단원은 대한민국임시정부와도 연결되어 있었다. 단원들은 임시정부경리국 경고서·임시정부 특파원증·군정부 영수증을 가지고 자금을 모집했다. 이것은 김좌진이 참여했던 대한군정부가 1919년 12월 임시정부 명령에 의해 대한군정서로 이름을 바꾸고 임시정부 군사기관에 소속된 것과 관련 있다.

대한정의단은 1919년 10월 공교도들이 탈퇴한 후 대한군정부大韓軍政府를 조직하고 임시정부에 승인을 요청했다. 하지만 '군정부'라는 것은 '임시정부를 부정'한다는 의미로 파악될 수 있었다. 이에 대한민국임시정부는 1919년 12월 1일 '북간도 군정부안'을 논의했고, 「임시정부 국

무원 제205호」의 명령으로 대한군정부를 대한군정서로 개칭하도록 했다. 대한군정부는 임시정부의 명령에 따라 명칭을 대한군정서로 바꾸고 임시정부 군사기관에 소속되었다. 즉 천경수와 김영진이 파견되고 대한건국단을 조직하는 시기를 전후해 김좌진의 소속이 길림군정사·대한군정부·대한군정서로 바뀌었던 것이다. 대한건국단원들은 임시정부와 연계되면서 조선민족대동단 및 임시정부에서 활동했던 김용원金庸源과 함께 활동하기도 했다. 김용원은 대동단사건 이후 1920년 3월 상해로 망명하기 전까지 서울과 충청도 일원에서 자금을 모집했는데, 이때 대한건국단원들과 함께 자금을 모집했다.

청산리대첩의 영웅들을 길러내다

대한정의단에 참여한 김좌진은 독립군 양성에 주력했다. 총재부는 관할구역을 통괄하며 대외업무와 행정업무를 담당했으며, 총재는 서일, 부총재는 현천묵이었다. 사령부는 군사활동 기관이었으며 사령관 김좌진이 전담했다. 그러나 무장투쟁을 준비할 인재가 부족했던 것은 김좌진도 마찬가지였다. 김좌진은 문제를 해결하기 위해 서로군정서에 지원을 요청했다.

서로군정서는 1919년 4월 유하현 고산자孤山子에서 조직된 군정부가 같은 해 11월 대한민국임시정부에 참여하면서 이름을 바꾼 무장독립운동단체였다. 서로군정서는 군자금모집·무장활동·선전활동 등을 펼치며 항일무장투쟁을 준비하고 있었다. 서로군정서에는 최고지휘부인 독판부 아래 무장활동을 담당하는 사령부·참모부 등이 있었다. 지휘부는 독판 이상룡 아래 부독판 여준, 정무청장 이탁李沰, 내무사장 곽문郭文, 법무사장 김응섭金應燮, 재무사장 남정섭南廷燮, 학무사장 김형식金衡植, 군무사장 양규열梁圭烈, 참모부장 김동삼, 사령관 지청천池靑天 등이 이끌고 있었다. 서로군정서는 대한군정서에 비해 군사전문가들이 많았다. 더욱이 산하교육 기관인 신흥무관학교에서 활동하던 인물들은 모두 군사 전문가들이었다. 김좌진은 신흥무관학교 교관들과 서로군정서의 인재들을 초빙해 군사부분을 강화시키고자 했다. 다행히 독판인 이상룡과 부독판인 여준은 김좌진과 함께 길림군정사에서 함께 했던 이들이었다. 김좌진은 독판 이상룡에게 군사전문가와 교재 등을 요청했고, 이상룡은 다음과 같은 답을 보냈다.

> 경신년(1920) 김좌진에게 답합니다.
> 밀십密什에서 맹서한 것도 변하지 않고 화전樺甸 입구에서의 약속도 두 달밖에 되지 않았는데, 한 번 남북으로 흩어져 소식이 묘연하더니 뜻밖에 두 젊은이가 편지를 가지고 찾아와 오래된 약속을 버리지 않으시니 의리에 매우 감격하였습니다.
> 삼가 봄이 한창인데 객지에서 기체가 나라를 위해 만중하신지요. 군정서의 일이 날로 발전하여 실력을 완전히 갖추셨으니, 저로 하여금 망양지탄望洋之嘆(자신의 부족을 탄식함)을 금할 수 없게 합니다. 더구나 좌우(김좌진)께서는 간성지재干城之材(나라를 지키는 믿음직한 인재)로 사령관의 직책을 맡고 있으니 범위가 작지 않은데다 널리 계책을 연합하여 결집함

에 인력도 있고, 실력도 있으시니 무슨 일인들 잘하여내지 못하시겠습니까? 다만 관할하는 지역이 매우 넓어 조석으로 만나 서로 긴밀한 협조를 할 수 없는 것이 한스럽습니다.

저 계원(이상룡)은 이곳에 도착한 후로 마침내 여러 사람들의 권유로 만에 하나도 비슷하지 않은 몸으로 감당할 수 없는 직임을 맡아서 세월만 보내고 진전은 조금도 없는 중에 봄기운이 이미 생겨나고 있으니, 자칫 시기를 놓쳐 대사를 그르치게 된다면 한갓 여러분들께 장애만 될 듯하여 매우 두려울 뿐입니다.

이장녕 군은 이곳에 있으면서 이미 띠고 있는 직명이 있는데다가 긴요한 일로 심양의 집에 머물고 있습니다. 만약 마음을 같이하는 사이가 아니라면 요청하신 뜻을 감히 받들지 못하겠지마는, 다만 귀서(대한군정서)와 본서(서로군정서)는 하나면서 둘이고 둘이면서 하나이기 때문에 기관으로 차별해서 보면 안 되겠기에, 부득이 이미 맡은 직무를 낱낱이 되돌리고 지금 진행 중인 일을 철폐하여 말씀하신 대로 보내오니 좌우께서는 저의 충심을 생각하시어 진실한 마음으로 연대하시고 경계를 두지 말고 일치하여 함께 나아가기를 천만 간절히 바랍니다.

이상룡은 김좌진과 지속적으로 만나고 있었고, 대한군정서를 돕겠다는 뜻을 보내왔다. 이상룡은 신흥무관학교 교장을 역임한 이장녕이 당시 담당한 임무가 있음에도 불구하고 대한군정서의 군사부분 강화를 위해 파견했다. 이장녕은 김좌진의 초빙으로 대한군정서 참모장이란 요직을 맡았다. 신흥무관학교 교관이었던 이범석李範奭 · 박영희朴英熙 · 이민화

李敏華 등도 대한군정서에 합류했다. 이들의 합류는 김좌진에게 큰 힘이 되었으며, 독립군 양성에 주력할 수 있었다.

대한군정서에서 김좌진의 임무는 독립군 양성이었다. 총재부는 왕청현 춘명향春明鄕 대감자大坎子에 있었으나, 사령부는 산림지역인 춘명향 서대파西大坡 십리평十里平에 두었다. 김좌진은 병영을 마련한 후 독립군 간부 양성을 위해 1920년 2월 사관연성소士官鍊成所를 설치했으며, 3월부터 300여 명의 생도를 선발해 6개월간 사관교육을 시켰다. 교육은 역사·군사학·전술·체조·사격술·승마 등 20여 개의 학과였으며, 민족정신을 고양시키기 위해 역사교육이 강조되었다. 과정은 6개월 속성이었으나 엄격한 군율 아래 실전위주의 교육을 시켰다. 사관연성소 소장은 사령관인 김좌진이 겸임했고, 교관은 나중소羅仲昭·이장녕·이범석·김규식金奎植 등이 맡았다. 이들은 대부분 대한제국 육군무관학교·일본 육군사관학교·신흥무관학교 출신들이었다. 이범석·박영희·이민화 외에도 신흥무관학교 졸업생 김춘식金春植·오상세吳祥世·백종렬白鍾烈·강화린姜華麟·최해崔海·이운강李雲崗 등도 교관으로 초빙되었다. 신흥무관학교는 다수의 군사관련 교재를 제공하기도 했다.

김좌진은 사관생도뿐만 아니라 일반 병사 양성에도 주력했다. 병사 모집은 징모국에서 담당했으며, 사령관 김좌진 책임하에 이루어졌다. 병사모집은 국내와 러시아에서도 이루어졌다. 모집된 병사들은 300~400여 명 정도였으며, 속성으로 교육해 보병대를 조직했다.

독립군 간부와 병사들은 양성되고 있었으나 사용할 무기가 턱없이 부족했다. 무기가 없는 독립군은 의미가 없었다. 그리하여 서일 총재와

사령관 김좌진은 무기 구입을 위해 백방으로 노력했으나, 중국에서 독립군이 사용할 대량의 무기를 구입하는 것은 불가능했다. 그러나 블라디보스토크에서 무기를 구입할 수 있다는 희소식이 날아들었다. 제1차 세계대전 중 블라디보스토크에 출병했던 체코군들이 돌아가면서 자신들이 사용했던 무기들을 팔고 있었던 것이다. 대한군정서는 즉시 무기운반대를 파견해 무기 구입에 나섰다.

하지만 그리 쉬운 일은 아니었다. 당시 무기운반대에 참여했던 이우석의 행적을 보면 무기운반대의 여정은 고난의 연속이었다. 30명의 호위 경비대로 무장한 200여 명의 무기운반대는 걸어서 훈춘을 거쳐 블라디보스토크에 도착했다. 그러나 제정러시아가 망하고 화폐개혁이 실시되면서 구입자금으로 가져간 구지폐는 무용지물이 되었다. 결국 다시 자금을 마련해야 했다. 하지만 기간이 문제였다. 동포들 집에서 기숙해야 했던 운반대원들은 한 달여 동안 식량문제로 고통을 겪어야 했다. 다행히 무기 구입에는 성공했으나 다시 중국으로 돌아오는 것이 문제였다. 각자 서너 정의 무거운 무기를 품에 안고 산림을 헤치며 국경을 넘어야 했던 것이다. 체력적인 문제뿐만 아니라 일본군과 소련군, 중국 마적들의 감시를 피해야 했기 때문에 낮에는 은신하고, 밤에만 움직여야 하는 긴장의 반복이었다. 이러한 험난한 과정을 거쳐 무기 운반대는 드디어 병영에 도착했다. 무기운반대원들의 몰골은 이루 말할 수 없을 만큼 고되 보였으나, 이들의 노력으로 대한군정서군은 완전한 전투력을 갖출 수 있었다.

김좌진은 이 시기 북간도지역 독립운동단체의 통합에도 노력하고 있

국경을 경계하는 일본군 국경 수비대

었다. 대한민국임시정부는 이동휘가 국무총리로 취임하면서 독립전쟁론이 팽배했다. 임시정부는 1919년 12월 '군사주비단제'를 발표하고, 1920년을 '독립전쟁의 원년'으로 선포하며 독립전쟁을 위한 구체적인 방안들을 실천하기 시작했다. 일본군을 상대로 전쟁을 벌이기 위해서는 만주와 연해주지역에 산재해 있는 독립운동단체들의 통합이 가장 시급한 문제였다. 그리하여 특파원들을 파견해 독립운동단체들의 통합을 지시했고, 독립운동단체들도 통합을 위한 모임을 갖기 시작했다. 그러나 이념과 지휘체계가 달랐던 독립운동단체들의 통합은 쉽지 않았다. 특히 대한국민회에서 탈퇴해 조직된 대한군정서는 대한국민회와 여전히 사이가 좋지 않았다. 문제는 이 두 단체가 북간도 지역의 대표적인 단체였다는 데 있었다.

김좌진은 대한군정서 대표로 독립운동 단체들과 연합을 시도했다. 1920년 5월 3일 대한국민회·대한군정서·대한신민단·군무도독부·대한광복단·대한의군부 등 6개 단체 대표들은 왕청현 봉오동에서 「재북간도각기관협의회서약서在北墾島各機關協議會誓約書」를 작성하고 18개항에 대해 합의했다. 이것은 독립운동단체 간 협의체를 구성하고, 통합을 위한 기초를 마련한 것이었다. 김좌진도 대한군정서 대표로 서명했다. 그러나 합의는 오래가지 못했다. 대한의군부를 제외한 4개 단체들이 대한국민회가 '북간도에 대한 통일기관'임을 자임하며 벌였던 일들에 대해 문제를 제기하고 5개조의 요구사항을 건의했기 때문이다. 그러나 대한국민회는 이들 단체의 요구를 받아들이지 않고 독립군 모집·자금 모집·무기 구입 등 무장력 강화에 주력할 것을 결의했다. 나아가 최진동의 대한군무도독부와 통합해 대한북로독군부大韓北路督軍部를 성립시켰고, 이후 홍범도의 대한독립군과 연합했다.

대한국민회에 맞서 김좌진은 서로군정서와 연합을 추진했다. 1920년 5월 26일 김좌진과 서로군정서의 성준용成駿用은 다음과 같이 6개 조약에 합의했다.

① ㅇㅇ봉천, ㅇㅇ길림 양성兩省에 있는 군정서는 원래 동일 취지인 군사기관이므로 양 대표자 협의 후 업무진행 발전상 협동일치를 하기 위

하여 다음의 조약을 체결한다.

② 양 기관은 임시정부를 절대로 옹호하며 만약 분分이 아니고 희망 혹은 도道가 아닌 야심으로써 정부에 반항하는 자가 있는 경우는 합력하여 이를 성토하여 정의에 귀일토록 할 것이다.

③ 양 기관의 성의친목을 계計하여야 함은 물론 군사상 일체의 중요 안건은 상호 협의를 마쳐 추호라도 저촉 또는 규위睽違 없이 기할 것이다.

④ 양 기관은 사관의 교련 또는 무기 구입에 대하여 혹은 불의에 일어날 일에 대하여는 상호보조를 행하고 광복의 대업만전완성을 기할 것이다.

⑤ 양 기관에 등록된 군인으로 사사로이 배귀背歸하는 자에 대하여는 상호 조회하여 반환토록 함은 물론 이미 연합한 제3기관에 영합하는 일이 있는 때는 이를 징치懲治하여 후폐後弊의 두절을 기할 것이다.

⑥ 본 조약은 양 대표자 날인의 날로부터 실효하는 것으로 한다.

대한민국 2년 5월 29일

○○군정서 대표 사령관 김좌진

○○군정서 대표 헌병대장 성준용

대한군정서와 서로군정서는 이전에도 긴밀한 관계를 유지하고 있었다. 따라서 이때 협의된 내용들은 협조체제를 더욱 공고히 하기 위한 것이었다.

김좌진의 독립군 양성은 큰 성과를 거뒀다. 1920년 9월 9일 사관연성소에서 298명의 1회 졸업생을 배출했으며, 이들은 교성대로 편성되

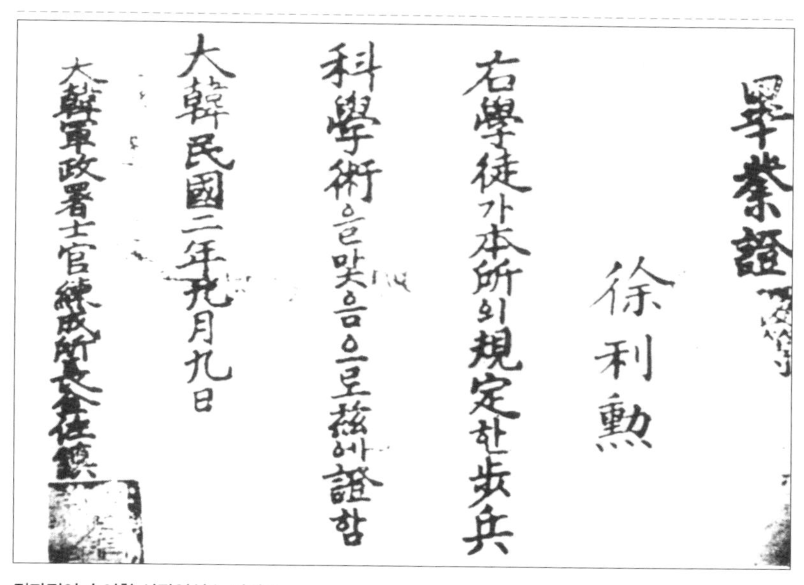

畢業證

徐利勳

右學徒가本所의規定한步兵
科學術을맞음으로玆에證함

大韓民國二年九月九日
大韓軍政署士官練成所長金佐鎭

김좌진이 수여한 사관연성소 필업증

었다. 교성대 대장은 나중소, 부관은 최준형, 중대장은 이범석, 소대장은 이민화·김훈·남익南益·이탁李鐸이 맡았다. 대한군정서는 교성대와 보병대로 최정예 부대를 구성했다. 일반병사들은 보병대로 편성되어 교성대와 함께 대한군정서군의 주축을 이루었다. 당시 대한군정서 사령부 조직은 다음과 같다.

총사령관 : 김좌진
참모장 : 이장녕
참모부장 : 나중소
참모 : 정인철鄭寅哲
사령관부관 : 박영희
연성대장 : 이범석

사관연성소 졸업식 모습

연성대 종군장교 : 이민화　　연성대 종군장교 : 김춘식

연성대 종군장교 : 백종렬　　연성대 종군장교 : 한건원韓建源

대한군정서군은 1개 소대를 50명으로 조직했다. 그리고 2개 소대를 1개 중대로, 4개 중대를 1개 대대로 이루어 총 4개 대대로 편제했다. 무기는 800정, 기관총 4정, 야포 2문, 수류탄 2천여 개를 보유했다. 간부 및 병사들을 합쳐 1,600여 명의 대한군정서군은 만주지역에서 가장 강력한 독립군으로 발전했다.

만주 항일투쟁의 금자탑 청산리대첩을 승리로 이끌다 04

결전의 장소 청산리

대한군정서는 독립군을 양성하면서 무장투쟁에 대한 의욕이 높아졌다. 대한군정서뿐만 아니라 남북만주의 독립운동단체들은 군사훈련과 무기 등을 구입해 전투력을 갖추어 나갔다. 무장한 독립운동단체들은 압록강과 두만강을 넘어 일본군을 공격했다.

1919년 8월 홍범도洪範圖가 이끄는 대한독립군이 함경남도 혜산진惠山鎭을 공격한 것을 시작으로, 끊임없이 국내로 들어가 유격전을 펼쳤다. 대한민국임시정부가 독립전쟁을 주창하면서 독립군의 국내진격은 더욱 활발해졌다. 독립군 부대들은 함남·함북·평북 일대에 들어가 자금을 모집하고 일본군을 공격했다. 독립군을 얕잡아 봤던 일본군은 타격을 입기 시작했다. 일제는 긴장했고, 국경수비를 강화해 군대와 경찰을 대폭 증강해 독립군의 국내진격에 대비했다. 그럼에도 독립군의 국내 유격전은 줄기차게 이어졌다. 1920년 6월 초 국경을 넘어 화룡현 삼둔자

삼둔자 전투지

일본군 나남 19사단 사령부

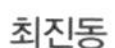
최진동

안무

홍범도

三屯子까지 추격한 일본군 1개 중대와 헌병경찰 중대는 독립군에게 섬멸당하기도 했다.

독립군을 우습게 봤던 일본군은 국경을 넘어 독립군 근거지를 분쇄할 계획을 세웠다. 함경북도 나남에 사령부를 둔 일본군 19사단은 300여 명의 '월강추격대越江追擊隊'를 편성해 중국 국경을 넘어 봉오동으로 진격해 왔다. 봉오동에는 미리 정보를 입수한 홍범도의 대한독립군, 최진동崔振東의 군무도독부군, 안무安武가 이끄는 국민회군이 연합한 대한북로독군부군大韓北路督軍府軍과 이흥수李興秀가 이끄는 대한신민단군이 기다리고 있었다.

봉오동은 삿갓을 뒤집어 놓은 것과 같은 지형으로 천연의 요새지였다. 홍범도는 봉오동 골짜기마다 각 부대를 배치하고 매복하도록 했다. 1920년 6월 7일 오전 6시 30분경 독립군이 치밀한 포위망을 펼쳐놓고 기다리는 줄도 모르고 일본군 '월강추격대'가 매복지점까지 들어오자,

봉오동 전투지

봉오동 전적비

독립군 연합부대의 화력이 불을 뿜었다. 독립군 연합부대는 유리한 고지를 선점하고 있었다. 일본군은 독립군을 막아낼 수 없었다. 일본군은 전사 157명, 중상 200여 명, 경상 100여 명을 내는 참패를 당하고 말았다. 봉오동전투였다.

장작림

계속된 승전보는 독립운동단체와 재만 동포들에게 독립에 대한 희망을 안겨주었다. 일본군은 충격이 아닐 수 없었다. 독립군의 능력과 전력을 파악한 일제는 철저한 탄압을 가하기 시작했다. 일제는 1920년 5월 초 만주 군벌 장작림張作霖에게 압력을 가해 일본군과 중국군 연합부대를 편성, 독립군 진압을 요구했다. 일제의 압력에 굴복한 장작림은 중국군을 출동시켜 독립군 탄압에 나섰다. 그러나 이마저도 일본군의 뜻대로 되지 않았다. 독립운동단체들은 만주 항일투쟁을 위해서 중국의 협조가 있어야 한다는 생각에 이미 우호관계를 유지하고 있었기 때문이다. 또한 중국군 내부에서 한국인 독립군을 공격하는 것에 반대하는 이들도 많았다. 연길 주둔 보병 제1단장 맹부덕孟富德은 '한국인 독립군 부대를 토벌'하라는 명령은 일본의 감시를 피하기 위한 것이며, 독립군 단체를 탄압하는 일이 없도록 하라고 지시하기도 했다. 이처럼 중국군은 일제의 강압에 못 이겨 독립군 탄압에 나섰지만, 미온적인 태도를 유지했다. 하지만 독립운동단체들은 중국 측 입장을 고려해 산림지대로 본거지 이동을 시작했다.

김좌진의 대한군정서도 본거지 이동을 해야 했다. 8월 중순 이후 맹부덕이 이끄는 중국군이 대한군정서에 왔고, 10일간의 준비기간을 포함해 1개월 이내에 근거지를 이동하기로 합의했기 때문이다. 8월 하순부터 독립군 부대들이 본거지 이동을 시작했으나, 대한군정서는 사관연성소 생도들의 졸업식을 마친 후 이동하기 위해 약간의 시간이 요구되었다. 그리하여 대한군정서는 9월 9일 사관연성소 졸업식을 마치고 근거지인 서대파西大坡를 떠나 왕청현旺淸縣 대감자大坎子로 이동하기 시작했다.

중국군을 동원한 독립군 탄압이 성과를 내지 못하자, 일제는 직접 만주에 일본군을 출동시켜 공격할 계획을 세웠다. 철저하게 독립군을 탄압하지 않으면 국내 식민지배도 어렵다는 판단에서였다. 그리하여 1920년 8월 이른바 '간도지방 불령선인초토계획不逞鮮人剿討計劃'을 수립하고, 훈춘사건을 일으켰다. 일제는 중국의 마적단을 매수해 1920년 10월 2일 훈춘에 있는 영사관을 공격하게 했다. 중국 영토인 간도에 출병할 구실을 만들기 위해 조작한 사건이었다. 마적들은 훈춘 일본영사관 분관을 습격해 13명의 일본인을 살해하고, 30여 명에게 중경상을 입혔다. 일제는 피해보상을 요구했고, 보상이 이루어지지 않을 경우 직접 병력을 투입해 이를 진압하겠다고 주장했다. 그리고 일제는 서북간도에 군대를 출병시켰다. 독립군 탄압을 위한 계획된 수순이었다.

김좌진은 대한군정서군을 이끌고 대감자에 도착했을 때 일본군의 간도 출병에 대한 소식을 들었다. 일본군의 공격에 직면한 김좌진은 대감

훈춘사건을 조작한 훈춘 일본영사관 분관 건물

자를 떠나 청산리로 이동하기 시작했다. 대한군정서의 간부들은 북만지역을 거쳐 노령지역으로 이동했고, 청산리 이동은 전투부대만 이루어졌다. 근거지 이동에 대해 총재 서일과 사령관 김좌진의 생각이 달랐기 때문이다.

서일은 아직 일제와 독립전쟁을 벌일 시기가 아니라고 보았다. 따라서 북만지역의 오지奧地로 이동해 후일을 도모하자는 입장이었다. 독립전쟁은 시기상조라는 서일의 주장에 김좌진은 난감했다. 비록 사령부 책임을 맡고 있으나 대한군정서의 총재는 서일이었다. 더구나 김좌진이 대한군정서에 참여한 것도 서일의 구상에 의한 것이었다. 따라서 총재의 의견을 존중하지 않을 수 없었다. 그러나 김좌진은 독립전쟁을 결행해야 한다는 입장이었다. 결국 김좌진은 사령부를 이끌고 청산리로 이

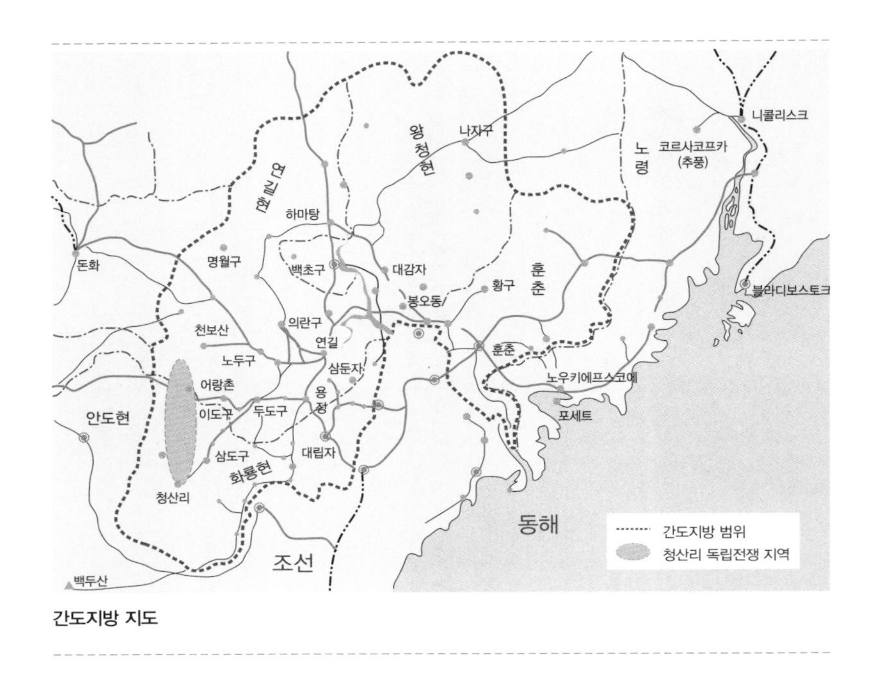

간도지방 지도

동했고, 총재 서일은 북만행을 택했다.

청산리는 백두산 기슭으로 국내와 가깝고 산세가 험악해 근거지 설정에 유리했다. 이런 이유로 대부분의 독립군 부대들이 백두산 부근 화룡현和龍縣 이도구二道溝·삼도구三道溝 방면으로 이동하고 있었다. 특히 청산리 일대는 대종교 신자들이 많이 거주하고 있어, 대종교를 기반으로 조직된 대한군정서는 대중적 지지를 얻기 용이했던 지역이기도 했다. 김좌진은 청산리의 이러한 이점을 이용해 무장투쟁을 전개하고자 했다.

간도에 출병한 일본군은 독립군 기반을 완전히 무력화시킬 계획이었다. 일본군은 독립군을 모두 '섬멸'하고 무관학교 등 독립군 근거지를 모두 파괴할 계획이었다. 또한 숨어있는 독립군을 색출하고, 독립군 근거지인 한인마을을 파괴하고자 했다. 기간은 2개월이었다. 일본군은 함경북도 나남에 주둔하고 있던 19사단을 주력부대로 하고 용산의 20사단, 시베리아 연해주 주둔 11사단·13사단·14사단에서 병력을 차출했다. 여기에 북만주파견군·관동군이 합류해 병력이 2만여 명에 육박했다. 일본군은 북간도지역 독립군을 이중으로 둘러싸고 포위망을 좁히기 시작했다.

주력부대인 19사단은 이소바야시磯林 지대支隊 약 4천 명, 기무라木村 지대 약 3천 명, 아즈마東正彦 지대 약 5천 명으로 별도의 지대를 편성해, 직접 독립군을 추격하고 전투를 벌일 부대를 편제했다. 이소바야시 지대는 훈춘, 기무라 지대는 왕청, 아즈마 지대는 용정 방면을 작전구역으로 정했다. 일본군은 1920년 10월 7일 간도에 침입해 10월 14일 이소바야시 지대가 훈춘하琿春河, 10월 15일 아즈마 지대가 용정에 도착했고, 10월 17일 기무라 지대가 왕청 방면으로 진격해 왔다. 화룡현 이도구·삼도구 지역에 이동해 있던 독립군들은 아즈마 지대와 결전을 벌이게 되었다.

첫 승전 백운평전투

김좌진은 대한군정서군을 이끌고 10월 12~13일 화룡현 삼도구 청산리에 도착했다. 이미 대한독립군·대한신민단군·국민회군 등 독립군 부대들이 집결해 있었다. 대한군정서군이 합류하면서 청산리 일대는 2천여 명에 이르는 독립군 부대들이 집결하게 되었다. 먼저 도착한 독립군 부대들은 홍범도를 사령관으로 연합부대를 편성하고, 일제와 결전을 치를 준비를 마치고 있었다. 독립군 연합부대는 각각의 단위부대를 유지한 채 상호 협조하여 전투를 벌이기로 했다. 김좌진의 대한군정서군도 청산리에 도착한 후 홍범도의 독립군 연합부대와 작전을 협의했다. 이 회의에서 대한군정서 간부들은 병력과 화력이 월등히 우월한 일본군과 정면 승부를 피하고, 은인자중하여 다음 기회를 엿보자는 '피전책避戰策'을 주장했다. 오랜 시간 토론이 이어졌고, 홍범도 연합부대도 '피전책'을 받아들였다. 그러나 독립군 부대들은 곧바로 전면전으로 전환했다. 간도에 침입한 일본군들이 한인마을을 방화하고 학살하는 등 만행을 저지르고 있었고, 계속해서 독립군을 공격해 왔기 때문이다.

청산리대첩은 1920년 10월 21일부터 26일까지 청산리 일대에서 북간도지역 독립군부대가 만주를 침략한 일본군과 벌인 10여 차례의 전투를 총칭한 것이다. 김좌진은 대한군정서군을 이끌고 백운평白雲坪전투 · 천수평泉水坪전투 · 어랑촌漁郎村전투 · 맹개골전투 · 만기구萬麒溝전투 · 쉬구溝전투 · 천보산天寶山전투 등을 승리로 이끌었다. 어랑촌전투와 천보산전투는 홍범도 부대와 연합해 벌인 전투이며, 나머지 전투들은 대한군정서군이 단독으로 벌인 전투이다.

청산리대첩의 최초의 전투는 김좌진의 대한군정서군이 일본군 보병 연대를 격파한 백운평전투이다. 아즈마 지대장은 10월 20일 야마다山田 연대에게 청산리 일대에 주둔하고 있는 독립군 부대를 공격할 것을 명령했다. 김좌진도 일본군 공격에 대비해 만반의 준비를 하고 있었다. 대

독립군이 사용한 기관총과 무기들

한군정서군은 당시 이도구·삼도구에 집결해 있는 독립군 부대들 중 가장 뛰어난 정예부대였다. 김좌진은 다음과 같이 부대를 편성했다.

총사령관 : 김좌진

참모장 : 나중소

부관 : 박영희

연성대장 : 이범석

종군장교 : 이민화 · 김훈金勳 · 백종렬 · 한건원

부관 : 김옥현金玉鉉

제1중대장 : 강화린

제2중대장 : 홍충희洪忠熹(대대장서리 겸)

이범석

제3중대장 : 김찬수

제4중대장 : 오상세

김좌진은 일본군 공격이 임박해 오자 600여 명의 병력을 2개 부대로 나누었다. 제1대는 훈련이 부족한 병사들로 편성해 김좌진이 직접 지휘를 맡았다. 제2대는 사관연성소 졸업생 300여 명으로 편성해 이범석에게 지휘를 맡겼다. 김좌진은 결전의 장소로 청산리 백운평 골짜기를 선택했다. 백운평은 청산리 계곡에서 폭이 가장 좁고 양쪽에는 절벽이 있어, 일본군을 공격하기에는 최적의 장소였다. 골짜기 중앙에는 빈터가 있어 매복해 공격할 수 있었다. 김좌진은 제2대를 빈터가 내려다보이는 절벽 위에 매복시켰고, 제1대는 제2대가 매복한 지점의 건너편 산기슭에 매복시켜 후방을 담당하게 했다. 최전선을 담당한 제2대는 절벽 위에서 나뭇가지와 낙엽으로 위장하고, 널려있는 나무둥지로 엄폐물을 삼았다.

1920년 10월 21일 오전 9시경, 야마다 연대의 전위부대前衛部隊가 매복지점으로 들어오고 있었다. 전위부대는 중대급 병력으로 야스가와安川 소좌가 이끌고 있었다. 일본군 전위부대는 독립군의 공격을 전혀 예상치 못하고 있었다. 김좌진이 이미 백운평 일대에 남아있던 한인들에게 '독립군은 무기도 제대로 갖추지 못한 채 하루 전 도망했다'는 거짓

청산리 입구

정보를 일본군에게 제공하도록 했기 때문이다. 일본군 전위부대가 빈터 안으로 다 들어서자 공격 명령이 내려졌다. 이윽고 대한군정서군의 600여 정의 소총과 4정의 기관총, 2문의 박격포 화력이 일본군 머리 위로 쏟아지기 시작했다. 기습공격을 받은 일본군도 대응사격을 했으나 효과가 없었다. 절벽 위에서 매복한 상태로 조준사격을 하고 있는 독립군의 위치조차 알 수 없었기 때문이다.

30여 분의 교전이 끝나자 200여 명(추정)의 일본군 시체만 나뒹굴고 있었다. 일본군 전위부대의 전멸이었다. 뒤이어 주력부대인 야마다 연대 본대가 도착했다. 주력부대는 백운평 골짜기에 펼쳐진 상황을 보고 놀라지 않을 수 없었다. 일본군 본대는 대포와 기관총 등 중화기를 동원해 전위부대의 복수에 나섰다. 하지만 유리한 고지를 점령하고 엄폐사격을 하고 있는 독립군을 당해낼 수는 없었다. 시간이 지날수록 일본군은 사상자만 내고 있었다. 일본군은 작전을 바꿔 보병 2개 중대와 기병 1개 중대로 측면 공격을 시도했다.

그러나 정예부대로 양성된 대한군정서군의 조준사격에 속수무책으로 당할 수밖에 없었다. 일본군의 저항도 만만치 않았다. 일본군은 부대를 정비해 대한군정서군의 정면과 측면을 동시에 공격하기 시작했다. 하지만 전세를 역전시킬 수 없었다. 결국 일본군은 300여 명(추정)의 전사자만 남긴 채 도주할 수밖에 없었다. 대한군정서군은 20여 명의 전사자만 낸 채 백운평전투를 승리로 장식했다.

일본군 기마부대를 전멸시킨 천수평전투

김좌진은 백운평전투를 승리로 이끈 후 철수 명령을 내렸다. 도주하고 있는 일본군을 추격해 궤멸시킬 수도 있었으나 일본군 지원부대가 도착할 경우 전세가 불리할 것이라는 판단에서였다. 이동지는 이도구 갑산촌甲山村이었다. 갑산촌은 백운평에서 100여 리나 떨어져 있는 곳이었으나, 일본군의 추격을 따돌리기 위해서는 이동해야 했다. 대한군정서군은 전투를 하느라 하루 종일 굶었음에도 나무열매로 허기를 때우며 행군을 시작했다.

대한군정서군은 10월 22일 오전 2시경 갑산촌에 도착해 동포들의 환대를 받았다. 그리고 동포들이 제공한 밥으로 허기를 채웠다. 갑산촌

동포들은 일본군 기마騎馬부대 1개 중대가 30여 리 떨어진 천수평(샘물골)에 머물고 있다는 정보를 제공했다. 주변에 일본군이 주둔하고 있다는 것은 갑산촌이 안전하지 못하다는 것이었다. 김좌진은 참모장 나중소, 연성대장 이범석과 작전회의를 열었다. 회의 결과는 선제공격이었다. 그러나 치열한 전투 이후 휴식도 없이 100여 리나 되는 거리를 행군해 온 상황에서 연이어 전투를 한다는 것은 무리였다. 하지만 김좌진을 비롯한 지휘부는 날이 밝기 전에 기습공격을 하는 것이 가장 효과적인 방법이라고 여겼다. 일본군은 '아직 독립군 부대가 청산리지역에 머물고 있다'고 여기고 있을 것이기 때문에 이것을 이용해 기습하기 위한 전략이었다.

휴식도 잠깐, 22일 새벽 4시경, 제2지대를 선두로 이동을 시작해 1시간여 만에 천수평 외곽에 도착했다. 김좌진은 척후병을 보내 적의 상태를 파악했다. 일본군은 소수의 순찰대만 남긴 채 말을 매어 놓고 깊은 잠에 빠져 있었다. 대한군정서군은 일본군을 포위하기 시작했다. 김훈 중대는 동쪽 고지를 점령해 일본군 퇴로를 막았고, 이민화 중대는 남쪽 고지를 점령했다. 김훈과 이민화 중대가 고지를 점령하자, 5시 30분경 공격 명령이 내려졌다. 이윽고 이범석·한근원·이교성李敎成 중대가 일본군 정면을 공격하기 시작했다. 잠들어 있던 일본군들은 독립군 공격에 허둥대며 무기와 말을 찾기 시작했다. 그러나 독립군들은 일본군이 기마부대인 점을 감안해 말에도 집중사격 했다. 천수평전투에 참여했던 김훈은 당시 상황을 다음과 같이 회고했다.

아직 날이 밝기 전 우리 중대 80여 명이 포위하고 장차 습격하려 할 때, 우리 후방부대에서 수발의 총성이 일어났다. 적은 깜작 놀라 일어나 혹은 도보로 도주하고, 혹은 말을 타고 도주하는 것을 우리 군 400여 명이 일시에 사격하여 탈주하는 4명의 기마병 외에는 전부를 멸滅하였다. 적은 감자구덩이甘蔗窟에 도주하여 생명을 구걸하기도 했으나 폭탄으로 분쇄하였다.

대한군정서군의 기습공격에 일본군 기마부대는 중대장을 비롯해 120여 명(추정)이 전멸했다. 백운평전투에 연이은 승리였으며 이른바 '황군皇軍'의 자부심이 철저히 무너지는 순간이기도 했다. 천수평전투에서 대한군정서군은 전사 2명, 경상 17명에 그쳤다. 빛나는 승리였다.

큰 승전을 거두었음에도 대한군정서군은 또다시 이동을 해야 했다. 공격을 피해 탈주한 일본군이 문제였다. 연길과 용정 일대를 작전구역으로 맡은 아즈마 지대는 홍범도 연합부대와 대한군정서군을 공격하기 위해 인근 화룡현 이도구 어랑촌漁郎村에 본부를 설치하고 있었다. 당시 일본군은 보병·기마병·포병을 포함해 1,500여 명에 달했다. 탈주한 일본군은 어랑촌에 주둔하고 있는 본부에 천수평 전황을 보고할 게 분명했다. 그렇다면 일본군이 대부대를 편성해 공격해 올 것이 틀림없었다. 김좌진은 부대를 이끌고 어랑촌을 향해 이동하기 시작했다.

김좌진은 천수평전투에서 획득한 문서를 통해 일본군 주력부대가 어랑촌에 집결해 있다는 사실을 알았다. 김좌진은 천수평전투와 같이 선제공격 계획을 세웠다. 화력이 우세한 일본군을 상대하기 위해서는 선제공격이 가장 최선의 방법이었기 때문이다. 김좌진은 서둘러 어랑촌 서남단에 위치한 874고지를 점령하고 전투준비를 마쳤다. 일본군도 고지를 점령하려 했으나 이미 대한군정서군이 점령한 뒤였다. 고지 점령에 실패한 일본군은 22일 오전 9시경, 대한군정서군을 포위하고 공격을 시작했다. 대한군정서군의 몇 배가 넘는 병력과 화력이 고지를 향해 진격해 오기 시작했다. 대한군정서군에게 유리한 것이라곤 고지에서 내려다보며 전투를 할 수 있다는 것과 반드시 전투를 승리로 이끌어 조국을 독립시키겠다는 정신력뿐이었다.

그러나 대한군정서군은 너무 지쳐있었다. 백운평전투가 끝난 후 100여 리를 행군했고, 천수평전투가 끝난 지 불과 몇 시간이 지나지 않은 때였다. 반면에 기병騎兵 연대장 가노우加納 대좌가 직접 지휘하고 있던 일본군은 기마병·포병·보병으로 편성된 연합부대였다. 더욱이 공격을 시작하면서 주변에 흩어져 있는 일본군이 계속해서 집결하고 있었다. 당시 어랑촌 주변에는 기병연대·포병대·아즈마 지대의 예비대를 포함해 5천여 명의 일본군이 있었다. 일본군은 계속된 패전을 만회라도 하려는 듯 고지를 향해 끊임없이 공격해 왔다.

대한군정서군은 절대 열세에도 불구하고 처절한 혈전을 이어갔다.

어랑촌 마을과 전투지

그러나 시간이 지날수록 불리한 전황으로 빠져들고 있었다. 기관총 중대는 많은 사상자가 났고, 산모퉁이를 방어하던 1개 소대는 전멸했다. 이때 기적 같은 일이 일어났다. 홍범도가 이끄는 연합부대가 대규모의 병력을 이끌고 지원하러 온 것이다. 김좌진의 대한군정서군이 어랑촌 입구에서 고전하고 있을 때, 서북쪽 완루구에서는 홍범도 연합부대가 일본군 주력부대와 전투중이었다. 김좌진의 대한군정서군이 백운평전투를 승리로 이끌고 갑산촌으로 이동하고 있을 때 이도구 완루구에서는 아즈마 지대의 주력부대가 2개 부대로 나누어 홍범도 연합부대를 공격했던 것이다. 일본군 공격 정보를 입수한 홍범도는 숙영지를 떠나 근처 높은 고지에 매복했다.

10월 22일 새벽, 일본군은 홍범도 부대가 주둔했던 마을을 공격하기 시작했으나 오히려 매복해 있던 독립군 부대의 공격을 받았다. 독립군 포위망에 걸려든 일본군은 서로 오인사격까지 하며 전멸상태에 이르렀다. 홍범도 부대는 일본군 400여 명(추정)을 사살하고 200여 정의 무기를 노획하는 전과를 올렸다. 홍범도 부대는 완루구전투를 승리로 이끌고 이동하던 중 어랑촌에서 대한군정서군이 일본군과 혈전을 벌이고 있다는 통보를 받고 이를 지원하기 위해 온 것이다.

홍범도 부대는 대한군정서군이 매복한 측면 고지를 점령하고 일본군의 후방을 공격하기 시작했다. 갑자기 나타난 홍범도 부대의 공격을 받자, 일본군은 병력을 나누어 공격했다. 졸지에 두 개의 전선이 형성된 것이다. 전세는 역전되기 시작했다. 대한군정서군도 포위망이 느슨해지자 지형을 이용해 일본군 공격에 박차를 가했다. 오전 7시부터 시작된

청산리대첩 승전기념사진(추정)

전투는 어둠이 내리는 오후 7시 즈음이 되서야 끝났다. 막대한 피해를 입은 일본군은 어둠을 틈타 어랑촌을 거쳐 이도구 방면으로 퇴각하기 시작했다. 치열했던 전투였다. 어두워지자 대한군정서군과 홍범도 부대도 이동을 시작했다.

어랑촌전투는 독립군이 일본군과 벌인 단일전투로는 가장 큰 전투였고, 가장 큰 승전을 거둔 전투였다. 어랑촌전투에서 일본군과 독립군의 피해를 알만한 정확한 자료는 없지만, 대한민국임시정부 군무부는 일본군 사망자를 300명이라 발표했다. 일본군은 패전을 은폐하기 위해 전사자 3명, 부상자 11명이라고 기록했다. 한편 연성대장으로 제2지대를 이끌었던 이범석은 그의 자서전 『우둥불』에서 연대장 가노우 대좌는 사망했고, 일본군 전사자는 1,100여 명, 독립군 전사자는 100여 명이라고 회고했다. 김좌진의 대한군정서군과 홍범도 연합부대의 빛나는 승전이었다.

맹개골전투, 만기구전투, 쉬구전투, 천보산전투

대한군정서군은 어랑촌전투가 끝난 10월 23일부터 안도현安道縣 방면으로 이동하기 시작했다. 김좌진은 부대를 소규모 부대로 나누어 이동하도록 했다. 일본군의 재공격이 예상되었기 때문에 대규모 병력이 동시에 이동한다는 것은 불리했기 때문이다. 김좌진이 이끄는 대한군정서군은 이동 중에도 일본군과 계속해 전투를 벌였다. 어랑촌을 떠나 맹개골 깊은 산중을 지날 무렵인 오후 3시경, 일본군 기마병 30명이 행군하는 것을 발견했다. 대한군정서군은 즉시 매복했고, 기마병들이 사정거리에 들어오자 일제히 사격을 가하여 일본군 기마병 10여 명을 사살한 후 말과 지도 등을 획득하고 행군을 계속했다. 이후 대한군정서군은 20여 리 떨어진 만기구에 도착해 휴식을 취하고 있었는데, 이번에는 일본군 보병 50여 명이 골짜기로 진입하고 있는 것을 발견했다. 대한군정서군은 공격을 감행해 일본군 30여 명을 사살하는 전과를 올렸다.

대한군정서군의 전투는 다음날에도 이어졌다.

10월 24일 쉬구로 행군 도중 일본군 보병 100여 명과 기병 1개 소대를 섬멸하는 승리를 거두었으며, 같은 날 천보산에서 은동광銀銅鑛을 지키고 있던 일본군 1개 중대와 두 차례에 걸쳐 백병전白兵戰을 벌였다. 천

청산리전투 현장 입구에 세워진 청산리항일대첩기념비

청산리항일전적지 현장 표지석

보산전투는 정확한 기록이 없어 전과를 알 수 없으나, 25일 홍범도 부대와 한 차례 더 교전을 벌인 일본군이 1개 대대병력을 보충하고 있는 것으로 보아 독립군에게 큰 피해를 입은 것은 분명했다. 일본군은 10월 25일부터 26일까지 고동하곡에서 홍범도 부대의 공격을 받아 2개 소대가 전멸당하기도 했다.

이로써 10월 21일 백운평전투에서 시작된 청산리대첩은 한국독립군의 승전으로 끝났다. 나라를 빼앗긴 이후 국외 독립운동기지를 건설하고 끊임없이 독립전쟁을 준비해온 결과였다. 청산리대첩에 대한 전과는 독립군과 일본군의 자료가 달라 정확히 알 수 없다. 대한민국임시정부가 조사한 바에 따르면 일본군 전사자는 1,200여 명, 부상자는 2,100여 명이었고, 독립군 전사자는 130여 명, 부상자는 220여 명이었다. 이러한 큰 전과를 올릴 수 있었던 요인에 대해 대한군정서 총재 서일은 다음과 같이 임시정부에 보고했다.

첫째 생명을 돌보지 않고 분용奮勇 결투하는 독립에 대한 군인정신이 먼저 적의 지기志氣를 압도한 것

둘째 양호한 진지를 선점하고 완전한 준비를 갖추고 사격성능을 극도로 발휘한 것

셋째 응기수변應機隨變의 전술과 예민신속銳敏迅速한 활동이 모두 적의 의표意表에 벗어나 뛰어난 것

서일은 독립군의 '생명을 돌보지 않는 항전, 유리한 고지를 선점한

전술, 독립군 지휘관의 지휘능력'을 독립군이 대승을 거둔 요인으로 분석했다. 그러나 이것만은 아니었다. 독립군이 대승을 거둘 수 있었던 배경에는 만주일대 한인들의 헌신적인 지원이 있었다. 만주 한인 대부분은 농민으로 살림이 매우 어려웠으나, 군자금을 내어 무기와 군수품을 마련케 했다.

또한 청산리대첩이 시작되자 독립군의 숙식 제공뿐만 아니라 일본군의 동태를 파악해 독립군에게 전달하는 첩보활동을 자처했다. 독립군이 유리한 지역을 선점할 수 있었던 것도 지역 지리에 밝은 동포들의 도움이 컸다. 일본군에게 거짓 정보를 제공하며, 생명의 위험을 무릅쓰고 전투 중인 독립군들에게 음식을 지고 나르는 이가 한둘이 아니었다. 이러한 동포들의 헌신적인 노력이 없었다면 청산리대첩은 승리로 장식될 수 없었을 것이다.

국제연대를 위해 노령으로

만주를 침략한 일본군은 독립군만 공격한 것이 아니었다. 독립군의 기반인 한인사회를 초토화하는 작전도 병행하고 있었다. 일본군들은 한인들을 살해하고, 가옥·학교·교회 등을 불살랐다. 일본군의 만행은 청산리대첩 참패 이후 더욱 극렬해졌다. 특히 청산리 일대를 중심으로 한 북간도지역이 심했다. 일본군은 북간도지역 한인마을을 찾아다니며 방화와 살인을 일삼았다. 남녀노소의 구분도 없었다. 용정의 동북 장암동獐巖洞 마을에서는 일본군이 40대 이상 남자 33명을 교회당에 가둔 뒤 석

간도참변 당시 학살된 조선인들

간도참변 합동장례식

유를 뿌려 학살했다. 일본군이 돌아간 뒤 주민들은 눈물을 삼키며 이들을 장사지냈다. 그러나 일본군의 만행은 여기서 그치지 않았다. 일본군은 5~6일 후 다시 돌아와 무덤을 파고 시신을 한 곳에 모아 석유를 붓고 시신을 불태웠다. 이처럼 '경신참변(간도참변)'으로 불리는 일본군의 한인학살은 1921년 4월까지 계속되었다. 1920년 10월부터 2개월간 학살된 동포 수만 3,600여 명에 이를 정도였다.

김좌진은 청산리대첩을 마친 10월 26일에서 27일경 주력부대 350명을 이끌고 화룡현과 안도현의 경계인 황구령촌黃口嶺村에 도착했다. 이는 홍범도 연합부대, 서로군정서와 연락을 통해 이루어진 것이었다. 그러나 김좌진과 대한군정서군은 그곳에 오래 머물 수 없었다. 청산리대첩에서 승리하기는 했으나 일본군의 공격이 계속되고 있었고, 경신참변으로 무장투쟁 기반인 한인사회가 크게 위축되었기 때문이다. 김좌진은 대한군정서군을 이끌고 중국과 러시아의 국경지역으로 이동했다. 대한군정서뿐만이 아니었다. 일제의 간도 침략과 청산리대첩 이후 대부분의 독립운동단체들은 러시아 국경지역으로 근거지를 이동하기 시작했다.

당시 러시아는 1917년 10월 볼셰비키혁명 이후 내정에 간섭하려는 미국·일본·영국 등의 외국 세력과 혁명을 반대하는 백위파白衛派와 전쟁을 치르고 있었다. 이런 사정으로 인해 연해주지역은 백위파와 이를 후원하는 일본군의 영향 아래 있었으나 원동공화국遠東共和國은 러시아혁명 세력의 영향 아래 있어 자유롭게 활동할 수 있었다. 제국주의 열강에 포위된 채 공산주의 혁명을 꿈꾸던 소비에트정부는 제국주의 식민통치에 신음하던 국가들을 지원했다. 따라서 일제의 식민통치에서 벗어나기 위해 항일투쟁을 벌이던 우리 독립운동세력들을 지원해 일본을 견제하고자 했다. 대한민국임시정부 국무총리 이동휘 등은 1920년 8월 소비에트정부와 동맹을 맺고 지원을 약속받기도 했다. 독립운동단체들은 러시아 원동지역으로 이동해 통일된 무장독립운동단체를 결성하고, 소비에트정부와 원동공화국으로부터 무기와 탄약 등 군사적인 지원을 받을 계획이었다.

김좌진이 대한군정서군을 이끌고 러시아 국경지역으로 이동한 것도 바로 이러한 목적에서였다. 김좌진은 근거지 이동에 대해 1920년 12월 중순 「해산한 우리 군사에게 고함」을 발표했다.

해산한 우리 군사에게 고함

지난 번 우리 군대 병사를 해산한 것은 일시의 변법變法에 지나지 않고, 광복사업이 성취되지 않은 한 군대를 해산해서는 안 된다. 이제야 노농정부勞農政府(러시아)와 약정하여 군수軍需가 충분하고, 무기와 탄약은 제한 없이 무료로 공급 받을 것이다. [봉기] 이래 와신상담하며 산과 들을 누비며 목우즐풍沐雨櫛風(비바람을 무릅쓰고 동분서주함)에 쉬는 날이 없이 상하가 서로 피를 마시고 맹약한 것을 지켜야 할 것이다.

김좌진은 11월 7일경 항구령촌을 떠나 11월 말경 밀산현密山縣 십리와十里窪에 도착했다. 황구령촌에서 머물고 있던 홍범도 연합부대와 지청천이 이끄는 서로군정서군도 뒤이어 도착했다. 대한군정서·홍범도 부대·서로군정서군은 1921년 2월 러시아령 이만으로 들어갔다. 연해주 일대에서 일본군과 싸웠던 빨치산 부대들도 집결했다. 이만에 집결한 독립군들은 3천여 명에 이르러 큰 세력을 형성했다.

러시아령 이만은 중국과 러시아 국경도시로 러시아 적군赤軍과 백군白軍 세력의 완충지역이었으며, 비교적 활동이 자유로운 곳이었다. 이만에 모인 독립군 부대들은 대한의용군 총군부로 통합하고 원동공화국과 협정을 맺어 훈련과 무기를 강화하고자 했다. 대한의용군 총군부는 회의를 거쳐 대한독립단(대한독립군단)으로 명칭을 바꾸고 다음과 같이 간부를 선출했다.

총재 : 서일	부총재 : 홍범도
고문 : 백순 · 김호익金虎翼	외교부장 : 최명록
참모부장 : 김좌진	참모 : 이장녕 · 나중소
군사고문 : 지청천	
제1여단장 : 김규식	제1여단참모 : 박영희
제2여단장 : 안무	제2여단참모 : 이단승李檀承
제2여단기병부장 : 강필립	

대한독립단은 만주와 연해주지역의 모든 독립군과 의용병이 하나의 조직으로 통합된 것이었다. 대한독립단 1여단은 이만, 2여단은 영안현寧安縣에 본부를 두고 본격적인 무장투쟁을 준비했다. 이제 원동공화국의 지원을 받아 독립군을 재정비하고 일제와 전쟁을 치르는 일만 남아 있었다. 그러나 김좌진은 원동공화국과 연합해 항일투쟁을 전개하는 것

에 반대했다. 원동공화국이 독립군 부대들이 자유시로 들어오기 전에 무장해제할 것을 요구했기 때문이다. 대한군정서는 무장해제에 대해 격론을 벌였다. 김좌진·김규식·이범석은 무장해제에 반대했고, 박두희朴斗熙는 수용하자는 입장이었다. 김좌진은 독립군이 러시아 내전에 참여하는 것에도 부정적이었다. 러시아혁명이 아직 끝나지 않은 상황에서 독립군을 후원하는 것은 어렵다고 보았기 때문이다.

반면 이만에 집결한 대부분의 독립군 부대들은 당시 독립군을 지원할 세력은 러시아 밖에 없다는 생각이었다. 홍범도·안무·지청천·최진동이 이끄는 독립군 부대들은 러시아의 지원을 기대하며 자유시로 이동했다. 무장해제 수용을 주장했던 박두희는 대한군정서군을 이끌고 자유시 이동에 동참했다. 김좌진은 김규식·이범석과 함께 일부 대한군정서군을 이끌고 북만지역으로 되돌아왔다.

김좌진의 판단은 옳았다. 자유시로 이동한 독립군 부대들은 '자유시참변'을 당했다. 자유시참변의 원인은 한인 부대의 통솔권이 문제였다. 1921년 초 시베리아지역 한인사회주의자들은 통일된 공산당 조직을 건설하고자 했다. 그러나 각 계파 간 의견이 달라 이동휘를 중심으로 한 상해파와 코민테른 동양비서부의 이르쿠츠파가 대립하게 되었다. 자유시로 이동한 독립군들은 대한국민의회와 이르쿠츠파 고려공산당의 지원을 받는 고려혁명군과, 대한민국임시정부와 상해파 고려공산당의 지원을 받는 대한의용군 총사령부로 나뉘어졌다. 고려혁명군과 대한의용군은 통합부대 지휘권을 둘러싸고 갈등을 빚었다. 이런 와중에 1921년 6월 28~29일 대한의용군은 러시아 적군에게 무장해제 되었고, 최소

독립군이 투옥되었던 이르쿠츠크 감옥

100명에서 최대 500여 명에 이르는 독립군 병사들이 사망하거나 행방불명되었다. 자유시참변은 독립운동세력에 큰 타격을 입혔으며, 독립군의 항일투쟁에 대한 열기는 한풀 꺾이게 되었다.

다시 조국의 광복을 위해 매진하다 05

대한독립군단, 흩어진 동지들을 모으다

김좌진은 러시아령 이만을 떠나 북만주로 돌아왔다. 만주로 돌아온 김좌진에게 주어진 일은 독립군 재정비였다. 자유시참변으로 독립군은 수많은 인명을 잃었다. 더구나 김좌진은 자유시참변 못지않은 고통을 겪어야 했다. 바로 서일의 자결 순국이었다. 서일은 밀산에서 머물던 중 1921년 8월 26일 토비土匪들의 습격을 받아 부하들이 다수 희생되자, 다음날 자결 순국했다. 나라 잃은 슬픔에 부하들이 무참히 희생되자 부하들을 따라 죽음을 택했던 것이다.

서일이 누구인가? 길림에 머물고 있던 김좌진을 대한정의단으로 초빙해 사령부 책임을 맡겼던 이였다. 청산리대첩의 승전과 북만지역에서 김좌진의 위상은 서일의 도움이 없었다면 불가능했다. 평생 동지라고 생각했던 서일의 순국은 김좌진에게 충격이 아닐 수 없었다. 그러나 마냥 슬픔에 빠져 있을 수만은 없었다. 김좌진은 총재 서일을 대신해 대한군정서를 이끌어야 했다. 김좌진은 이 대한군정서군의 정비라는 막중한 임무를 맡았던 것이다.

자유시참변 후 독립군들은 러시아 사회주의계열 무장세력에 협력하거나 포로가 되어 남았고, 나머지 병력들은 북만지역으로 돌아왔다. 독립군들은 러시아에서 작은 무리를 지어 북만지역으로 돌아온 데다, 각 지역에 흩어져 연락이 되지 않고 있었다. 김좌진은 1921년 8월 이후 밀산과 영안현을 중심으로 흩어진 독립군들을 모아 대한군정서군 정비를 추진했다. 대한군정서 뿐만 아니라 국민회·신민회·광복단·한민단 등 북만지역 독립운동단체들도 조직을 정비해 군단을 형성해 가고 있었다.

1922년 중반에 이르자 북만지역 독립군들은 전열을 수습하고 일정한 체계를 갖추게 되었다. 그러나 대부분이 소규모 군단을 면치 못하고 있었다. 소규모 부대로 일본군과 싸운다는 것은 불가능했다. 따라서 북만지역 독립운동세력을 통합하기 위한 모임이 추진되었다.

마침내 1922년 8월 통합운동이 결실을 맺어 대한독립군단이 조직되었다. 대한군정서를 비롯해 의군부·독립단·광복단·국민회·신민단·의민단·대진단 등이 참여했다. 이들 독립군들은 1920년대 국내 진공작전과 청산리대첩을 경험한 이들이었다. 따라서 대한독립군단은 무기만 갖춰진다면 곧바로 항일무장투쟁을 벌일 수 있는 전력을 갖고 있었다. 본부는 중국과 소련의 국경지역인 동녕현東寧縣에 두었다. 동녕현은 동쪽으로 영안현, 서쪽으로 연해주에 인접해 있는 국경지역이었다. 영안현은 북만주에서 한인들이 가장 많이 이주한 곳이었고, 연해주지역은 1910년 국망 전후 국외 독립운동기지의 중심지였다. 일제의 만주침략

이후 독립운동 기반이 위축된 상황에서 대한독립군단은 한인들이 많이 거주하고 있는 지역을 기반으로 활동하기 위해 동녕현에 본부를 둔 것이다.

김좌진은 군사부위원장 겸 총사령관으로 군사부문 책임을 맡았다. 총재는 한말 간도관리사였던 이범윤李範允이었다. 이범윤은 13도의군十三道義軍을 이끌었던 대표적인 의병장이었으며, 대한의군부와 대한광복단을 이끌었던 독립운동 지도자였다. 대한의군부와 대한광복단은 대한제국 재건을 목표로 했던 복벽주의계열의 단체였다. 따라서 그를 따르는 복벽주의계열의 독립운동가들이 대한독립군단에 다수 참여했다. 김좌진과 함께 대한군정서와 청산리대첩에 참여했던 이들도 핵심 인물들이었다. 박두희·이장녕·윤복영尹復榮 등이 그들이다. 이들은 사관연성소 학도대장·교관·대한군정서 참모장·고문 등의 이력을 갖고 있었다. 이들은 '주권은 국민에게 있다'는 사상을 갖고 있었고, 대한군정서도 공화주의 단체였다. 그러나 이범윤과 김좌진으로 대표되는 대한독립군단이 사상적으로 갈등을 빚지는 않았다. 이는 대한독립군단이 공화주의 노선을 추구한 신민부를 조직할 때 이범윤을 비롯한 복벽주의계열이 참여한 것을 통해서도 알 수 있다. 대한군정서가 복벽주의계열과 연합한 것은 김좌진의 결단이었다. 서일 순국 후 대한군정서는 김좌진이 이끌고 있었다. 따라서 김좌진이 대한군정서를 이끌고 대한독립군단에 참여했다고 볼 수 있다.

그러나 곧바로 시련이 닥쳤다. 1922년 말 목릉현 마교하馬橋河에서 중국 지방관헌에게 무장해제를 당한 것이다. 이는 한국독립군의 무장활동을 견제하려는 것이었다. 대한독립군단의 간부들은 영안현 영고탑寧古塔으로 근거지를 옮겼다. 그곳은 당시 북만지역 독립군들이 근거지를 마련하고 활동하기에 알맞은 지역이었다. 영고탑에는 북만지역에서 한인들을 교육하고 산업진흥에 힘썼던 최계화崔桂華가 독립운동 기반을 마련해 놓고 있었기 때문이다. 최계화는 여명의숙黎明義塾을 만들어 한인자제들을 교육하고, 개간사업을 이끌어 한인들로부터 두터운 신망을 얻고 있었다. 최계화의 노력으로 영고탑 일대에 한인들의 기반이 갖추어져 있었고, 독립에 대한 열망도 높았다. 이러한 이점으로 러시아에서 돌아온 독립군들은 이미 영고탑에 근거지를 마련하고 있어서 연합작전을 벌이기에도 용이했다.

김좌진은 군사부위원장 겸 총사령관이었고, 그에게 주어진 임무는 무기를 구입하고 독립군을 양성하는 것이었다. 김좌진은 군자금 모집과 독립군을 모집하는 일에 전념했다. 그러나 군자금 모집은 그리 쉬운 일이 아니었다. 특히 중국으로 귀화한 한인들이 만든 입적간민호회入籍墾民戶會와 갈등을 겪으면서 군자금 모집은 더욱 어렵게 되었다. 입적간민호회는 1921년 영안현에서 친일단체인 조선인민회에 대항해 조직되었고, 중국 정부의 지원을 받고 있었다. 따라서 중국 정부도 군자금 모집에 반발해 대한독립군단의 간부들을 체포하려고도 했다.

김좌진은 군자금 모집이 원활치 않자, 국내로 눈을 돌렸다. 김좌진은 1923년 5월 유정근俞政根을 국내로 파견해 자금모집 활동을 벌였다. 국내 자산가들에게 자금협조 문서를 보냈으며, 유정근이 자신의 밀사임을 증명하기 위해 함께 찍은 사진을 동봉하기도 했다. 김좌진이 가장 주력했던 것은 보천교 교주 차경석車京石을 만주로 이주하도록 하여 그의 자금력과 종교적 역량을 이용하려는 것이었다.

당시 보천교는 전국적으로 3만 명의 교인이 있을 정도로 큰 세력이었고, 막대한 자금을 동원할 수 있었다. 김좌진은 교주 차경석을 북만으로 이주시켜 보천교의 자금력뿐만 아니라 만주로 이주하는 보천교도들을 독립군으로 양성할 계획이었다. 유정근의 국내활동에는 김동진과 김항규의 도움이 컸다. 김동진은 김좌진의 친동생이었고, 김항규는 김좌진이 서울로 상경한 후 함께 단발한 이였다. 유정근의 파견은 어느 정도 성과가 있었다. 비록 차경석을 만주로 이주시키지는 못했으나, 김좌진은 1924년 봄 보천교로부터 자금을 지원받을 수 있었다.

유정근

그러나 자금 지원은 대한독립군단이 활동하던 북만지역 한인들의 도움이 뒷받침되어야 했다. 하지만 경신참변을 겪은 동포들은 일본군으로부터 생명의 위협을 느끼고 있었고, 경제적인 면에서도 그리 넉넉지 않아 군자금 제공을 쉽사리 할 수 없었다. 따라서 김좌진은 재만동포들에게 군자금 모집을 독려하기 위해 「부령 제11호」를 내리기도 했다.

제1조 : 각 지역에서 나라 일에 진력하다가 순직한 씨명을 조사해서 역사책에 기입한다.

제2조 : 나라 일을 위해서 부상 또는 환자에 대해서는 상당한 구휼救恤을 한다.

제3조 : 적의 우롱을 받아서 귀순한 자와 생활을 위해서 일시적 수종首從 동화한 자에 대해서는 정상을 작량酌量해서 벌하는 것을 논의하고, 개정의 정이 확실한 자는 사면한다.

제4조 : 본 군단의 징모대 또는 모연대를 적 또는 외국 관헌에게 고발한 자는 극형에 처한다.

제5조 : 본 군단에 있어서 징모한 병사로서 병역의 복무를 기피하는 자는 중벌에 처한다.

제6조 : 본 군단에서 청연請捐한 군자금의 납부를 거절한 자는 중벌에 처한다.

대한민국 5년 3월

대한독립군단 총사령관 김좌진

김좌진은 군자금 납부가 동포들의 의무임을 강조하며 자금모집을 독려했다. 하지만 「부령 제11호」에서 볼 수 있듯이 강제적 성격을 갖고 있었다. 군자금 납부 거절에 대한 처벌규정은 동포들에게는 불만일 수밖에 없었다. 대한독립군단의 자금 모집이 어려웠던 것은 북만지역에 사회주의가 급속하게 전파되고 있었던 것에도 원인이 있었다.

소련은 1920년 3월 하얼빈에 '동지철도부속지공산당사무국東地鐵道附屬地共産黨事務局'을 설치하고 사회주의 세력 확대에 주력하고 있었다. 자유시참변에도 불구하고 소련의 지원을 기대하는 민족운동가들과 한인

사회를 중심으로 사회주의는 북만지역에 깊숙하게 파고들고 있었다. 이러한 배경에서 1923년 1월 최웅렬崔雄烈 · 오성륜吳成崙 등이 한인 사회주의 단체인 적기단赤旗團을 조직하기에 이르렀다. 자유시참변을 겪은 대한독립군단으로서는 사회주의에 대한 적대감이 있었기에 1924년 '적화방지단赤化防止團'을 조직해 대립하기도 했다. 이러한 상황이었기에 대한독립군단은 새로운 활로를 모색해야 했다. 즉 북만지역 독립군단을 통합해 한인사회 자치조직을 만들고, 조직체계를 강화해 견고한 무장투쟁의 기반을 조성해야 했다.

신민부 창립의 주역이 되다

독립군단의 통합은 남만주에서 먼저 이루어졌다. 남만주지역에서 활동하던 대한국민단 · 서로군정서 · 대한독립단 · 광한단 등은 1922년 봄 환인현에서 남만통일회를 결성하고, 각 군단들을 통합해 대한통군부를 결성했다. 같은 해 8월에는 참여하지 않았던 남만의 독립운동단체와 군단들을 가입시켜 대한통의부大韓統義府로 이름을 바꾸고 조직을 확대했다.

그러나 1923년 초 복벽주의를 주장하던 의병 출신의 대한독립단 간부들이 대한통의부를 탈퇴하고 의군부義軍府를 결성했다. 1924년 초에는 채찬 · 김선풍 · 최지풍 등이 통의부 의용군과 유격대를 이끌고 이탈해 참의부參議府를 결성하면서 세력이 크게 약화되었다. 대한통의부는 김동삼金東三 · 이종건李鍾乾 등의 노력으로 서로군정서 · 광정단 등 8개 독립운동단체를 통합해 1924년 12월 정의부正義府를 탄생시켰다.

김좌진은 정의부가 조직되는 것을 보고 크게 자극 받았다. 그는 곧바로 북만지역 독립운동단체 통합에 착수했다. 통합군단 결성은 빠르게 진행되었다. 김좌진뿐만 아니라 북만지역 독립군단 간부들도 굳건한 통합 독립군단 결성의 필요성을 절감하고 있었기 때문이다. 첫 번째 결실은 1925년 1월 목릉현穆陵縣에서 개최된 부여족통일회의夫餘族統一會議로 나타났다. 정의부가 탄생한 지 한 달쯤 지난 시점이었다. 통합 추진은 김좌진의 대한독립군단과 현천묵을 중심으로 한 대한독립군정서가 주도했다. 대한독립군정서는 1924년 3월 동빈현同賓縣에서 대한군정서 출신인 현천묵(총재)·김규식(사령관)·조성환(고문)·이범석(군사부장)·박두희(행정부장)·나중소(서무부장·참모)·김혁(참모) 등이 조직한 단체였다. 대한독립군정서의 핵심인물들은 모두 김좌진과 함께 대한군정서에서 고락을 함께 했던 이들이었다. 따라서 통합에 대한 협의는 순조롭게 진행되어 두 달여 만에 합의를 도출해 낼 수 있었다. 1925년 3월 10일 영안현 영안성寧安城에서 창립총회를 개최하고 다음과 같은 「선서문」을 선포해 신민부新民府 창립을 세상에 알렸다.

우리는 민족의 요구에 응하고 단체의사에 따라 각 단체의 명의를 취소하고 일치된 정신으로 신민부의 조직이 성립되었음을 이에 선포한다. 과거를 생각건대 사회상태가 분열하고 민족의 심리가 뿔뿔이 헤어져 우리의 사업은 날로 늘어나나 시들고 약해지게 되었다. 이를 각오한 우리는 만반의 동작에 합일하여 국가의 완전한 건설과 민중의 철저한 해방을 도모하기 위하여 강권 폭력의 침략주의를 근본적으로 제거하고, 다시 일보

전진하여 우리와 동일한 지위에 있는 세계민중과 협동의 동작을 취하지 않을 수 없다. 이 신사명新使命을 받은 신민부의 운명개척은 오직 우리 민중의 희생적 정신에 놓였다. 오라! 단결하고 일어나 분투하라.

북만주와 동만주 일대에 거주하는 한인들을 이끌며 독립운동을 전개할 최고기구 신민부는 이렇게 탄생했다. 신민부는 '일제 침략주의를 제거하고 완전한 국가의 건설과 민중의 해방'을 목적으로 조직되었음을 선언문에 밝히고 있다. 이를 위해 동포들의 희생과 단결, 분투를 요청했다. 대한독립군정서와 대한독립군단, 중동선교육회 및 16개의 민선대표, 10개의 국내단체가 창립총회에 참여해 선포문에 서명했다. 대한독립군정서와 대한독립군단이 대표 단체였으며, 대한독립군정서는 김혁·조성환·정신, 대한군정서는 김좌진·남성극·박두희·류현이 대표로 참여했다. 신민부가 창립되면서 참의부·정의부와 함께 1920년대 만주지역의 대표적 독립운동 조직인 3부가 형성된 것이다. 집안현과 관전현 일대의 압록강 연안을 아우르는 참의부, 하얼빈 이남 흥경현과 통화현을 세력범위로 한 정의부, 하얼빈 이남과 북만주 전 지역을 관할하는 신민부가 탄생하면서 참의부·정의부·신민부를 중심으로 세력이 분할되었다.

신민부는 창립선언 후 다음과 같은 결의사항을 채택했다.

① 기관 명칭

기관의 명칭은 신민부라 함

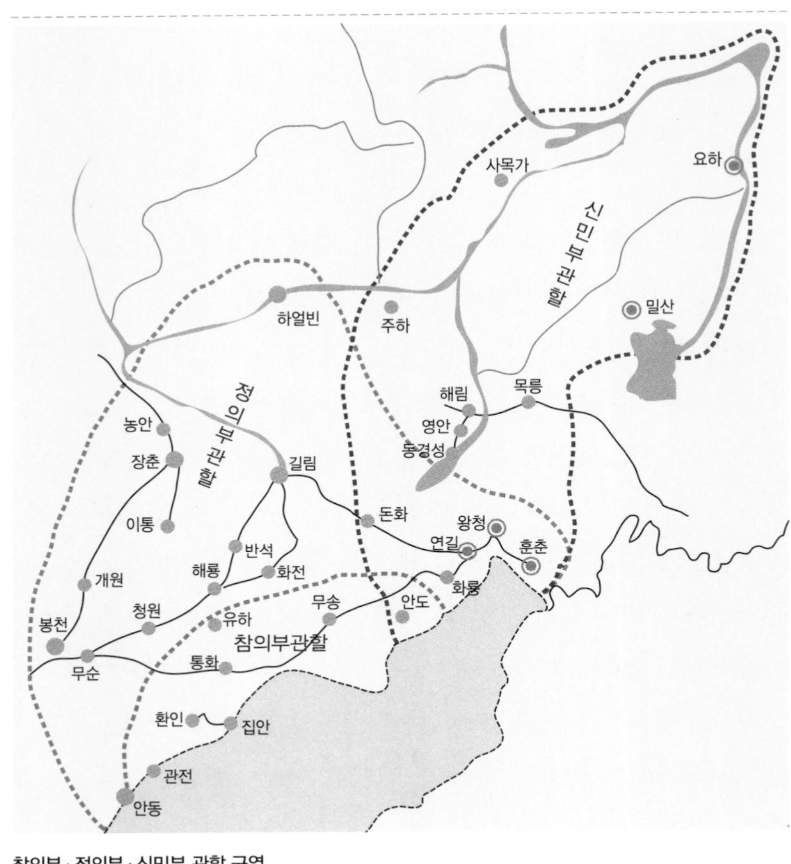

참의부 · 정의부 · 신민부 관할 구역

② 제도

제도는 위원제로 하며 중앙과 지방, 구區로 함

③ 사업의 방침

민사 : 필요에 따라 이미 만들어진 자치기관은 서로 협조하여 일

을 추진토록 함. 일체의 좋지 못한 풍속은 교정키로 함. 각 지방에는 경사기관警査機關을 설치할 것

외교 : 대외관계는 가능한 신중하고 원만하게 해결할 것

군사 : 의무제를 실시할 것. 둔전제 혹은 기타의 방법으로 군사교육을 실시할 것. 사관학교를 설치하여 군인을 양성할 것. 군사서적을 편찬할 것

④ 재정

재정은 의무금 및 모연금으로 충용充用할 것. 의무금은 토지가 논일 경우 소양小洋 2원, 대양大洋 3원을, 밭일 경우 소양 1원, 대양 2원 5각으로 하며, 상업 종사자에게는 소유재산의 20분의 1을 징수함. 모연금을 수시로 징수하기로 함. 본 기관 아래 조직된 지방은 일체의 모연금을 폐지키로 함

⑤ 실업

토지의 매매와 조세로 기관의 지도하에 실행키로 함. 각 지방의 한인들에게 노동에 힘쓰도록 권함. 공농제公農制를 실시하여 공동농지를 경영할 것. 식산조합殖産組合을 설치 할 것. 부업을 장려할 것. 필요하다고 인정되는 지방에는 소비조합을 설치할 것

⑥ 교육

소학교 졸업연한은 6개년, 중학교 졸업연한은 4개년으로 함. 단 100호 이상의 마을에는 1개의 소학교를 설치하고, 필요에 따라 기관에서 중학교 또는 사범학교를 설치함. 교육을 통일시키기 위해 교과서를 편찬함. 기관에서 학교의 관리방법을 제정하고 교수

教授의 자격을 정한 노동강습 및 통속강습通俗講習에 진력함

⑦ 법무

모든 민사·형사 소송법을 만들어 주관할 것

⑧ 선전

본 기관의 주의와 강령을 뚜렷이 밝히기 위하여 기관지를 발행하고, 부정기로 선전문을 발행함. 필요에 따라서는 사람을 파견하여 순회강연을 함

⑨ 교통

교통기관을 만들어 교통이 민활하도록 함

⑩ 대정부對政府 문제

정부에 대한 여러 문제는 중앙집행위원회에 일임하여 실행함

⑪ 대외문제

본 기관은 중앙 정부의 정변政變에는 불간섭주의를 택하고, 국민 상호간에 일어난 사건은 되도록 외국관청에 의뢰하지 말 것

⑫ 각 단체 사무인계

창립총회일로부터 계산하여 3주 이내에 각 단체는 사무를 인계할 것

⑬ 중앙의 위치

중앙의 위치는 중앙집행위원회에 맡길 것

⑭ 헌장憲章

헌장은 기초위원회에 위임하여 창립총회일로부터 1주간 이내에 완성하여 이를 중앙집행위원회에 제출할 것

⑮ 경상비

금년도의 경상비(음력 3월부터 10월까지)는 대양大洋 3천 원으로 함

⑯ 연호

연호는 민국 연호를 사용함

⑰ 기타사항

본 기관의 총회는 매년 3월 15일로 정함

신민부는 정부 조직체로 결성되었다. 1920년대 만주지역 독립운동단체들은 준정부적 성격을 갖고 있었으나, 근본적으로는 무장투쟁을 벌이기 위한 조직체였다. 신민부는 정부 조직으로 산업과 교육을 통해 한인사회를 지도하고, 이를 기반으로 장기적인 항일투쟁을 벌이기 위한 것이었다. 신민부가 정부 조직체로 결성되었다고 해서 대한민국임시정부를 부정한 것은 아니었다. 이는 신민부가 '민국' 연호를 채택하고 있는 것을 통해서도 알 수 있다. 그러나 '중앙 정부에 대해서는 불간섭주의'를 채택하고, 대정부 문제는 '중앙집행위원회에 일임'하고 있는 것을 보면, 절대적인 신임을 한 것으로 보이지도 않는다.

신민부는 중앙집행위원회·검사원·참의원의 3권분립 체제였다. 중앙집행위원회는 행정기관이었고, 참의원은 입법기능을 하는 의회조직이었으며, 검사원은 사법기관이었다. 하지만 3권분립을 채택하고 있었으나 사법기관인 검사원은 실제 운영할 수 없었고, 입법기관인 참의원도 실제 항일투쟁을 전개하는 데 별다른 역할을 수행하지 못했다. 따라서 신민부의 모든 권한은 행정기관인 중앙집행위원회에 집중되었다. 중

北滿統一機關

新民府組織

「大韓獨立軍團」代表金佐鎭等

부여족동일회의를개최

세력단톄로신민부조직

中央組織은委員制

신민부 조직을 보도한 『동아일보』 기사(1925년 4월 8일자)

앙집행위원회는 신민부의 최고 기관이었던 셈이다. 중앙집행위원회는 군사·교육·선전·법무·실업·민사·외교·교통 등의 부서를 두었고, 위원장과 위원들이 사무를 처리했다.

관할 구역은 중동선中東線 철도를 중심으로 동서로는 장춘에서 구참九站, 남북으로는 백두산에서 흑룡강에 이르는 광대한 지역이었다. 관할 지역은 30호를 묶어 구區, 100호 이상은 지방으로 조직했다. 구에는 구장을 두었으며, 지방에는 총판總辦을 두었다. 총판은 문화·실업·교통·재무·교육·외교 등의 사무를 담당했다. 구와 지방에는 각각 의회가 있었으며, 각 구 및 지방에서 파견된 의원들이 연 1회 중앙의회를 개최했다. 신민부는 창립 후 중앙본부에서 가까운 지역부터 지방조직을 구축하기 시작했다. 영안현 지방을 시작으로 목릉현·요하현·액목현·돈화현·안도현 등에 총 15개 지방조직을 만들었다. 신민부는 관할지역 한인들의 안정된 생활기반 마련을 위해 교육 및 산업부흥과 독립운동기지 건설을 기본이념으로 삼았다. 이를 위해 경제적 부흥과 실업 장려, 한인 2세들의 교육사업을 위한 민정활동과 무장항일투쟁 전개를 위한 군정활동을 함께 펼쳐나갔다.

김좌진은 신민부의 실질적인 지도자였다. 신민부는 대한독립군단과 대한독립군정서가 주축이었기 때문이다. 두 단체의 중심인물들은 대부분 대한군정서와 청산리대첩에 참여했던 경력을 갖고 있었다. 따라서 청산리대첩을 승리로 장식한 김좌진의 무장투쟁 경력과 대한군정서군을 이끌었던 사령관의 역할은 대한독립군단과 대한독립군정서를 통합하는 데 크게 기여한 것으로 보인다. 또한 정의부가 창립되는 데 다섯 달 여가 걸린 반면 신민부는 부여족통일회의가 개최된 후 두 달여 만에 창립되었다. 이처럼 빠른 시일 안에 신민부가 창립될 수 있었던 것은 주축이 된 두 단체가 모두 대한군정서의 핵심인물들이었고, 그 중심에 김좌진이 있었기 때문이라 할 수 있다. 김좌진은 북만지역 항일무장투쟁의 대표적 지도자가 되어 있었다.

당시 북만지역에서 김좌진의 위상을 엿볼 수 있는 대목이 있다. 대한민국임시정부에서 김좌진을 국무위원으로 선임한 것이다. 1923년 5월 국민대표회의가 결렬되자 대한민국임시정부는 혼란에 빠졌다. 임시정부는 1925년 3월 대통령 이승만을 탄핵하고 박은식을 2대 대통령으로 선출하며 새로운 활로를 모색했다.

임시정부는 곧바로 헌법을 개정해 부정적인 평가를 받던 대통령제를 폐지하고 국무령제를 채택했다. 국무령제는 대통령제의 단점을 보완한 것으로 국무령은 의원내각제의 수상과 같은 것이었다. 초대 국무령으로 선출된 이는 정의부를 이끌고 있던 이상룡이었다. 이상룡은 임시정부와 결별을 선언한 상황이었으나, 67세의 노구에도 불구하고 마지막으로 독립운동을 위해 9월 24일 국무령에 취임했다. 이상룡은 임시정부를 군사 위주의 최고기관으로 만들 구상을 하고 있었다. 이 구상을 현실화하기 위해 임시정부 지도부를 만주에서 무장투쟁을 펼쳤던 인물들로 구성해야 한다고 보았다. 이상룡은 10월 10일과 12일에 걸쳐 정의부의 이탁·오동진·윤병용·김동삼·윤세용, 참의부의 이유필, 신민부의 김좌진·현천묵·조성환을 국무위원으로 선임했다.

그러나 김좌진은 국무위원에 취임하지 않았다. 이상룡의 국무령 취임으로 정의부 내에서 문제가 발생했을 뿐만 아니라 신민부는 정부 성격을 갖고 있었기 때문이다. 물론 당시 임시정부가 정부로서 기능을 하지 못하고 있는 것이 원인이기도 했다. 이런 이유로 김좌진과 같이 국무위원으로 선임된 이들은 국무위원으로 취임하지 않았다. 더구나 김좌진은 독립운동을 시작한 이래 줄곧 무장투쟁을 일생의 업으로 삼고 있었다. 따라서 일제와 전쟁을 벌일 수 있는 만주를 버리고 임시정부에 참여할 이유가 없었다. 그러나 비록 국무위원으로 취임하지는 않았으나 그동안 북만지역 무장투쟁에서 큰 활약을 펼친 김좌진의 위상을 엿볼 수 있는 부분이다. 그만큼 김좌진의 신민부 참여는 상징적 의미를 갖고 있었다. 이러한 점은 신민부 중앙집행위원회 주요 간부들의 이력을 보면 더욱 확연하게 나타난다.

위원장 : 김혁金赫

민사부위원장 : 최호崔灝

군사부위원장 : 김좌진

참모부위원장 : 나중소

외교부위원장 : 조성환曺成煥

법무부위원장 : 박성태朴性泰

경리부위원장 : 유정근

교육부위원장 : 허빈許斌

선전부위원장 : 허성묵許聖默

연락부위원장 : 정신鄭信

실업부위원장 : 이일세李一世

심판원장 : 김돈金墩

총사령관 : 김좌진

보안사령관 : 박두희

경무국장 : 이연李淵

별동대장 : 문우천文宇天

제1대대장 : 백종렬

제2대대장 : 오상세

제3대대장 : 문우천

제4대대장 : 주혁朱赫

제5대대장 : 장종철張宗哲

외교부길림성 전임외교원 : 윤복영

위원장 김혁을 비롯해 나중소·조성환·윤복영·백종렬·오상세·문천우·주혁·장종철·박성태·정신·박두희 등은 모두 대한군정서 출신이다. 검사원장인 현천묵도 대한군정서 부총재였다. 이들 대부분은 대종교를 신봉하고 있었다.

김좌진은 신민부에 참여하면서 정당정치를 실현하고자 했다. 신민부가 정부조직체로는 출발했기 때문에 정당 중심으로 운영하고자 했던 것이다. 하나의 지도정당을 만들겠다는 의지는 1926년 9월 한국귀일당韓

國歸一黨 조직으로 실현되었다. 정신·류현劉賢·신영빈辛英彬·장준걸張俊杰 등이 주요 간부였으며, 본부는 영안현 영고탑에 두었다.

한국귀일당이 조직되자 1천여 명이 가입했다. 김좌진은 한국귀일당을 조직해 북만지역에 퍼져가고 있던 공산주의세력에 대처하고, 북만지역 한인들의 민의民意를 받아들여 신민부를 운영하고자 했던 것으로 보인다. 신민부는 소련과 국경을 접하고 있었기 때문에 북만지역에 급속하게 퍼져가고 있던 공산주의세력에 대처해야 했다. 더욱이 1926년 5월 영안현 영고탑에 조선공산당 만주총국朝鮮共産黨滿洲總局이 설치되면서 북만지역 한인들은 공산주의사상을 적극 수용하기 시작했다. 그 바탕에는 열악한 사회경제적 조건 속에서 살아야 했던 재만 동포들의 고단한 삶이 있었다.

재만 한인들은 토지소유권이 없었기 때문에 중국인 지주의 소작농으로 생계를 유지해야 했다. 따라서 한인들은 사회적 불평등과 계급모순을 청산하자는 공산주의이념에 매료될 수밖에 없었다. 이에 신민부도 공산주의사상에 효과적으로 대처하기 위해서는 한인들의 의사를 적극 수용해야 했다. 김좌진의 한국귀일당 조직은 한인들의 민의를 반영하기 위한 높은 정치의식에서 나온 것이었다. 조선공산당 만주총국 본부가 있는 영고탑에 본부를 둔 것도 같은 맥락에서 이루어진 것으로 보인다.

무장투쟁을 주장하며 신민부를 이끌다

신민부는 최고 기관으로 중앙집행위원회를 두고, 그 아래 교육·선전·

성동사관학교가 있었던 곳(목릉현 소추풍)

법무·실업·민사·외교·교통·연락·경리·군사부를 두었다. 군사부를 제외하면 모두 민정활동과 관련된 부서였다. 김좌진은 군사부위원장 겸 총사령관으로 군정활동 책임을 맡았다. 늘 그랬듯이 김좌진은 독립군 양성에 주력했다. 독립군 없이 일제와 무장투쟁을 벌일 수는 없었기 때문이다. 김좌진의 항일투쟁의 최종 목적은 전쟁을 통한 독립의 달성이었다. 따라서 그는 독립운동을 시작한 이래로 참여하는 단체마다 군사부문 책임을 맡았고, 독립군 양성을 가장 중요한 과제로 삼았다.

신민부는 1925년 10월 제1회 총회에서 관할구역 내에 거주하는 18세 이상 38세 미만 남자들을 대상으로 군사훈련을 실시하고, 군사강습소를 세워 전문적인 독립군 지휘관을 양성할 계획을 세웠다. 이러한 계획은 곧바로 성동사관학교城東士官學校 설립으로 구체화되었다. 성동사관학교는 목릉현 소추풍小秋風에 세워졌다. 성동사관학교의 교장은 위원장인 김혁이었으나, 실질적인 책임은 군사부 책임을 맡고 있던 김좌진의 몫이었다. 교관은 박두희·백종렬·오상세 등이 맡았고, 이범윤과 조성환이 고문으로 참여했다. 성동사관학교는 1년에 2기의 교육생을 배출했고, 500여 명의 사관생도를 육성했다.

김좌진은 17세 이상 40세 미만의 남성들에게 군적軍籍을 작성하는 군구제軍區制를 시행했다. 군구제란 평소에는 생업에 종사하며 훈련을 받고 유사시에 독립군에 편입되어 임무를 수행하는 것으로, 병력을 지속적으로 보충할 수 있는 방법이었다. 김좌진의 노력으로 신민부는 대한독립군단·대한독립군정서 출신의 병사들과 성동사관학교 출신들을 주축으로 530여 명의 군대를 보유할 수 있게 되었다.

이렇게 군대가 양성되었으나 문제는 역시 자금이었다. 530여 명이 넘는 군대를 먹이고, 입히고, 재우기 위한 자금공급은 그리 쉬운 일이 아니었다. 무기구입도 시급한 문제였다. 신민부는 창립 때부터 관할구역의 동포들에게 의무금을 징수하고자 했다. 그러나 의무금 징수는 대한독립군단 시절과 달라진 것이 없었다. 재만동포들의 생활상이 나아지지 않았기 때문이었다. 따라서 의무금은 제대로 징수되지 못했다.

이를 보완하기 위한 것이 둔전제였다. 둔전제는 1910년대 서간도의 백서농장白西農庄 같은 독립운동단체들이 실시해 실효를 거둔 제도였다. 둔전제는 독립군들이 훈련을 받으면서 논밭을 일구어 의식주를 자급자족하는 것으로 농번기에는 농사를 짓고, 농한기에는 훈련을 받는 것이었다. 둔전제를 실행하기 위해서는 우선 독립군들이 거주하고 농사지을 토지가 필요했다.

첫 번째로 선정된 곳은 밀산이었다. 밀산은 김좌진이 대한독립군단을 결성했던 곳으로, 독립운동이 활발했던 지역이었다. 하지만 밀산은 많이 변해 있었다. 공산주의사상이 널리 확산되고 있었고, 민족주의계열·기독교 계열들이 서로 대립하고 있어 둔전을 실시하기에 적합하지 않았다. 두 번째로 선정된 곳은 안도현이었다. 안도현은 백두산과 인접한 산림지역으로 둔전을 실시하기 적합했다. 하지만 이곳에는 생각지 못했던 문제가 도사리고 있었다. 산림지대에서 농사를 짓는 중국인들이 농한기에 마적행위를 하고 있었던 것이다. 마적들은 신민부 별동대만으로도 제압할 수 있었으나, 인근 동포들이 피해를 당할 것이 분명했다. 결국 안도현도 포기할 수밖에 없었다.

이처럼 김좌진의 자금모집과 독립군 양성은 뜻대로 추진되지 못했다. 이것만이 아니었다. 김좌진은 일제군경 뿐만 아니라 만주 군벌과 관리들의 탄압을 받는 이중고를 겪어야 했다. 일제는 간도침략과 경신참변으로 만주지역 독립군과 한인사회는 모두 붕괴되었으리라고 판단했다. 그러나 독립군들은 다시 부활했고, 한발 더 나아가 정부 성격의 3부를 조직하고 체계적인 독립운동을 펼치는 것을 보면서 일제는 다시 계략을 꾸몄다.

일제는 독립군 부대를 탄압하기 위해 중국 측과 1925년 6월 미쓰야협정三矢協定을 맺었다. 미쓰야협정은 조선총독부 경무국장 미쓰야 미야마쓰三矢宮松와 만주 군벌 장작림이 비밀리에 맺은 협약이다. '불령선인

취체방법에 관한 조선총독부와 봉천성의 협정'이라는 명목으로 비밀리에 체결된 미쓰야협정은 '한국 독립운동가를 체포하면 반드시 일본영사관에 인계할 것과 인계받은 대가로 상금을 지불한다'는 것을 규정하고 있었다. 협정이 맺어지자 만주 군벌과 관리들은 독립군과 배일한인 체포에 혈안이 되었다. 폭력적인 중국인들은 한국인들을 잡기 위한 조직까지 결성하기도 했다. 심지어 중국인들은 독립운동과 관계없는 동포들을 납치해 살해하거나 일제에게 넘기기도 했다. 일제는 살아있는 한인을 잡아오면 20원, 살해해 목을 가져오면 40원을 지불했다. 중국인 폭력단체나 악독한 중국 관리들은 한인들을 체포하면 신문 없이 살해해 일본군에 넘기기도 했다. 그리하여 무고한 한인동포들이 많은 희생을 치러야 했다. 일제와 중국 군경의 난동에 신민부원들과 북만지역 한인들은 활동에 많은 제약을 받을 수밖에 없었다.

이러한 상황에서 김좌진은 신민부 군정책임자로서 관할구역에서 반민족 행위를 일삼던 친일파들을 처단하기도 했다. 만주에 거주하고 있던 한인들 중에는 독립운동에 협조하기는커녕 일제에 붙어 반민족 행위를 일삼는 이들이 있었다. 신민부 관할구역만 해도 보민회保民會 · 조선인민회朝鮮人民會 · 권농회勸農會 등 친일단체가 활동하고 있었다. 이들은 독립군 소재지나 한인들을 신고해 상금을 타는 등 만행을 자행했다. 김좌진은 반민족 행위를 일삼는 친일파 처단에 나섰다. 대상은 대표적 친일단체인 조선인민회였다. 조선인민회는 일제가 재만 조선인을 감시하고 통제하기 위해 만든 어용단체였다. 1911년 용정에서 처음 조직되었으나 1920년대 들어 조선총독부의 지원을 받아 남북만주 일대에 대거 조직되기 시작했다. 일제의 독립군 탄압을 지원하고, 조선총독부 말단 행정기관의 역할을 수행하기도 했다. 김좌진은 1926년 해림海林 지역 초대 조선인민회장인 배두산裵斗山을 별동대를 보내 처단했고, 1927년 9월에는 황일초黃一樵·최진만崔晉萬·채세윤蔡世允·이영조李永祖·박병찬朴秉瓚을 파견해 하얼빈 조선인민회 본부를 공격해 친일파들을 처단했다.

많은 어려움 속에서도 김좌진을 비롯한 간부들의 노력으로 신민부는 빠른 속도로 세력을 확대하며 북만지역 최고 독립운동단체로 위상을 정립해 가고 있었다. 그러나 뜻하지 않은 사건이 터졌다. 일제 경찰과 중국 경찰이 1927년 2월 합동으로 중동선中東線 석두하자石頭河子에 있던 신민부 본부를 공격했던 것이다. 습격을 예상하지 못했던 신민부 간부들은 체포를 피할 길이 없었다. 중앙집행위원장 김혁, 경리부 위원장 유정근을 비롯해 김윤희·박경순·한경춘·남중희·이종순·이정하 등 12명이 체포되어 하얼빈 일본영사관으로 끌려갔다. 신민부는 충격에 휩싸였다. 더욱이 중앙집행위원장을 잃었다. 김좌진은 혼란을 수습해야 했다. 그러나 김좌진의 노력에도 혼란은 진정되지 않았고, 분열과 대립으로 치닫게 되었다.

군사부위원장 김좌진은 이번 사건을 계기로 적극적인 무장투쟁을 벌여야 한다고 주장했다. 반면에 민사부위원장 최호崔灝 등은 무장투쟁보다 교육과 산업을 발전시켜야 한다는 입장이었다. 만주에서 줄곧 무장투쟁을 벌였던 김좌진으로서는 신민부를 강력한 군사조직체로 전환하려는 것은 당연한 선택이었다. 일제와 중국 측이 야합해 독립운동단체와 한인들을 무참히 탄압하고 있는 상황에서 가만히 앉아서 당할 수만은 없었다. 김좌진은 강력한 무장투쟁만이 이런 참담함을 반복하지 않을 최선의 방법이라고 여겼다. 그러나 안타깝게도 민정부와 군사부는 합의점을 찾지 못했다.

결국 군정과 민정을 분리해 민정위원회와 군정위원회로 나뉘게 되었다. 최고 기구였던 중앙집행위원회가 '민정파'와 '군정파'로 나누어진 것이다. 게다가 사무만 분담한 것이 아니라 간부들도 나누어져 갈등의 골은 깊어만 갔다. 분열된 조직을 계속 유지할 수 없었기에 1927년 7월 임시총회가 열렸다. 그러나 분열된 조직을 통합하는 논의는 쉽지 않았다. 불신의 골이 깊었고, 골이 깊은 만큼 넘어야 할 산도 높았다. 다시 통합하는 과정은 상당한 진통을 겪어야 했지만 결국 김좌진이 이끌던 군정파가 회의를 주도하게 되었고, 김좌진을 중앙집행위원장으로 선출하며 일단 마무리 되었다. 그러나 신민부는 1927년 12월 25일 석두하자에서 개최된 총회에서 '군정파'와 '민정파'로 완전히 갈라서고 말았다. 비록 민정파와의 대립은 끝내 매듭을 짓지 못했으나, 이제 군정파가 신민부를 주도하게 되었다.

군정파는 대부분 대한독립군정서와 대한군정서 출신들이었다. 김좌진은 중앙집행위원장 겸 군사부위원장을 맡았으며, 황학수(참모부위원장), 정신(경리부위원장·선전부위원장), 류현(실업부위원장), 백종렬(보안 제1대대장), 오상세(보안 제2대대장), 장종철(보안 제3대대장), 주혁(보안 제4대대장), 김종진(보안 제5대대장·군사부위원), 박두희(군사교육위원장) 등이 주요 간부를 맡았다. 본부는 영안현 신안진新安鎭에 두었으며, 단원은 200여 명이었다.

新民府本部襲擊 金爀等逮捕經路

—북만주석두하에서잡혀 신의주로 호송된김혁등체포경로는어떤가—

秘密發露는府員被捉

북만주석두하에 근거를둔신민부(新民府)의집행위원장김혁(金爀)(五[illegible])과동경리부장인리정근(李政根)([illegible])이외몇사람이 지난음력정월에중국중동선석두하(中國中東線石頭河)에서체포되어 길림일본령사관경찰서의취됴를받다가 지난십일에신의주(新義州)경찰서로호송되엇다함은 긔보와갓거니와 이제 그들이체포되어 신의주경찰서에까지오게된던말을탐문한바에의하면 다음과갓더라

府員의逮捕로 發覺된根據地

신민부라하면정의부(正義府)와 형제가튼 단톄로 ○○운동에 노력하는것은 세상이 다아는바 이어니와 이러한관계상 그들의 근거디는 퍽비밀에부처 다만 이외에는 아는사람이업고 또는 오랫동안 일뎡한곳에 두는법이 업시 시세와형편을따라 귀신도 모르게 장소를밧구는까닭에 오늘까지 본부를 습격당한일이 업섯든것이다 수만흔무장 단원을통솔하고 김혁(金爀)을 위원장으로하야 [illegible] 부서[illegible] 각디에서 거칠엇시한

1928년 김혁의 피체를 보도한 『동아일보』 기사(1928년 3월 22일자)

대한독립군단 시절부터 추진했던 국내 활동도 계속되었다. 먼저 유격대를 파견해 국내진공을 위한 예비활동을 벌였다. 김좌진은 1927년 8월 이중삼李重三 등 4명을 국내로 보냈다. 이들의 임무는 국내로 잠입해 일본군 및 경찰의 주둔지를 파악하고 작전지도를 작성하는 것이었다. 작전은 치밀하게 추진되었다. 제1로는 압록강을 건너 강계를 지나 평양까지, 제2로는 백두산부터 함경도·강원도·경상도의 산맥을 따라 전라

도 지리산까지, 제3로는 두만강을 건너 경성을 경유해 북청까지였다. 이것은 일제의 감시를 피해 숙식을 해결하며 수행해야 하는 험난한 작전이었다. 하지만 이들은 북만지역에서 혹독한 훈련을 받은 장교들이었다. 제1로와 제3로는 6개월, 제2로는 1년 만에 임무를 완수하고 무사히 귀환했다.

이들의 임무완수로 국내 사정을 파악할 수 있었고, 국내 군사지도도 확보하게 되었다. 김좌진은 당시 신민부의 무력으로는 국내진공은 불가능하다고 판단했으나, 장차 진행할 국내진공을 위해 작전을 미리 수행하고 있었던 것이다. 한편 유격대가 임무를 완수할 시점에 국내에서 함께 활동했던 광복회원이 보내온 자금은 김좌진에게 큰 힘이 되기도 했다. 그 회원은 바로 신현규申鉉圭였다. 신현규는 광복회 사건으로 징역 7년의 옥고를 치르고 나온 인물로, 광복회 동지였던 손량윤孫亮尹을 비롯해 손봉현孫鳳鉉·김홍규金弘圭·손호孫滸 등을 동지로 규합했다. 그리고 때마침 자금모집을 위해 국내로 잠입한 이병묵李丙默과 함께 자금을 모집해 김좌진에게 보내온 것이다.

중앙집행위원장이 된 김좌진은 군정활동 뿐만 아니라 신민부 창립의 목적이었던 북만지역 한인사회의 안정을 위한 활동도 펼쳐나갔다. 김좌진은 한인들의 사업과 교육을 활성화시켜 보다 안정적으로 신민부를 운영하고자 했다. 그 중 가장 중점적으로 추진한 사업은 교육사업이었다. 김좌진은 일찍부터 교육사업에 관심이 많았다. 교육사업은 한인자제들에게 항일의식과 민족의식을 심어줄 수 있는 가장 효과적인 방법이었고, 북만에서 생활하는 동포들의 한결같은 바람이기도 했다.

김좌진은 1927년 10월 25일 해림에 6년제의 신창학교를 설립하고 지역에 분교를 두어 한인자제들을 교육했다. 이후 신민부는 1928년 8월 해림에서 '북만한인교육대회'를 개최하고 한인자제들에게 독립사상을 교육시킬 것을 결의했다. 이에 대한 실천으로 주하현·목릉현·밀산현·돈화현 등 15개 지역에 소학교를 설치하기도 했다. 1개 지역에 3개의 학교를 설치하고자 했던 것이다. 계획대로 15개 모든 지역에 학교가 설치되었는지는 확실치 않으나 신민부의 교육활동이 북만지역 일대에서 활발히 펼쳐졌음은 분명하다.

06 민족유일당운동을 펼치고 한족총연합회를 조직하다

뭉쳐야 산다, 3부통합에 힘쓰다

신민부가 민정파와 군정파로 나뉘어 각자 신민부임을 자처하던 시기, 국내외 민족운동계는 유일당운동을 펼치고 있었다. 유일당운동은 독립운동세력을 통합해 하나의 지도정당을 만들고, 전 민족이 대동단결해 효율적인 항일무장투쟁을 전개하자는 것이었다. 1923년 국민대표회의가 결렬된 후 대한민국임시정부는 내분에 휩싸여 독립운동 지도기관으로서 역할을 담당하지 못했고, 국내에서는 일제에 협력하려는 민족개량주의 풍조가 고개를 들고 있었다. 위기에 봉착한 독립운동계는 민족주의계열과 사회주의계열이 협동전선으로 유일당을 조직해 효과적인 항일투쟁을 전개하고자 했다.

유일당운동은 상해에서 시작되었다. 안창호는 1926년 10월 북경에서 사회주의자 원세훈元世勳과 이념과 노선을 초월한 대동단결을 촉구하고 '대독립당조직북경촉성회大獨立黨組織北京促成會'를 결성했다. 북경에서 결실을 맺은 유일당운동은 무한武漢·남경南京·광동廣東 등으로 퍼져나갔다. 당시 유일당운동은 독립운동계의 최대 과제였고, 만주도 예외일 수 없었다. 만주지역도 참의부·정의부·신민부가 조직되었으나 많은 독립운동단체와 청년단체들이 난립해 있었다. 따라서 인력과 재원이 분산되어 효과적으로 독립운동을 펼치기 어려웠고, 남북만주에 흩어져 활동하고 있는 3부 통합은 더욱 절실했다.

만주지역 유일당운동은 1927년에 움직임이 일기 시작했다. 상해에서 유일당운동을 전개한 안창호가 1927년 초 길림에서 민족대단결을 역설한 것이 계기였다. 만주지역 유일당운동은 정의부가 주도했다. 정의부는 만주에서 큰 세력을 형성하고 있었고, 참의부와 신민부 중간에 위치해 통합을 이끌기 유리했다. 당시 정의부는 김동삼이 이끌고 있었고, 그의 노력으로 만주지역 유일당운동은 빠르게 추진될 수 있었다.

김동삼은 통합의 리더십을 발휘했다. 그는 안동유림으로 석주 이상룡과 함께 만주독립운동기지를 개척한 지도자였다. 그는 만주와 상해를 오가며 평생을 독립운동에 헌신했다. 김동삼은 안동에서 협동학교를 세워 계몽운동을 전개했으며, 1911년 신민회의 해외독립운동기지 건설계획에 따라 1911년 만주로 망명했다. 유하현 삼원포에 도착한 김동삼은 이상룡을 도와 경학사와 신흥학교를 세워 독립운동기지 건설에 힘을 쏟았으며, 신흥학교 졸업생을 중심으로 통화현 산림 속에 백서농장이라 이름 지은 병영을 운영했다.

1919년 3·1운동 이후에는 한인자치기구인 한족회를 결성했고, 신흥중학교를 신흥무관학교로 개편해 독립군 양성에 주력했다. 또한 백서

김동삼

농장을 서로군정서로 개편해 항일무장투쟁을 펼쳤으며, 1923년 국민대표회의에서 의장으로 선출되기도 했다. 이러한 위상에도 김동삼은 기득권을 주장하지 않는 큰 지도자였다. 수많은 행적에도 '김동삼'하면 '통합'이 떠오르는 것은 그가 '통합'을 독립운동의 최고의 덕목으로 삼고 추진했기 때문이다. 1920년대 남만주 독립운동세력을 통합해 대한통의부를 조직했고, 정의부 결성 과정에서는 의장을 맡아 결정적으로 기여했다. 정의부가 이상룡의 국무령 취임으로 분란에 휩싸일 때 이를 수습한 이도 김동삼이었다. 이처럼 김동삼은 독립운동계가 분파로 나뉘어질 때마다 통합에 매달려 하나로 묶어내는 일에 전념했다. 김동삼이 '통합의 화신化身'으로 불리는 이유도 이 때문이다. 끊임없이 독립운동계의 통합을 추진했던 김동삼이 만주지역 유일당운동을 추진한 것은 당연한 것이었다.

유일당을 조직하기 위한 첫 모임은 1927년 4월 15일부터 18일까지 길림의 신안둔新安屯에서 열렸다. 전만독립운동단체통일회가 개최된 것이다. 그러나 민족주의계열의 정의부와 사회주의계열의 남만청년동맹·한족노동당 등 남만지역에서 활동하던 독립운동단체들만이 참여한 회의였다. 그나마 '이념과 노선을 초월한 민족통일전선을 구축한다'는 명분에도 도달하지 못했다. 나흘간의 회의가 끝났을 때에는 서로간의 이념과 노선을 통합시킬 준비기간이 필요하다는 인식 공유에 만족해야 했다.

1928년 4월, 중앙집행위원장으로 신민부 군정파를 이끌고 있던 김좌진에게 귀한 손님이 찾아왔다. 바로 김동삼이었다. 3부통합을 협의하기 위해서였다. 김동삼은 김좌진과 신민부 간부들에게 독립을 달성하기 위해서는 일제와 전쟁이 불가피하며, 전쟁을 위해서는 3부 산하의 군대를 통합해야 한다고 주장했다. 그러기 위해 각 세력들은 기득권을 버리고 협동전선을 구축해야 한다고 역설했다. 김동삼은 유일당운동의 당위성을 설명하고, 다음 달 개최될 통합회의에 신민부가 참석해 유일당 조직에 동참해 줄 것을 요청했다. 김좌진과 김동삼의 협의는 순조로웠다.

신민부도 민정파와 군정파로 나뉘어 분란을 겪고 있었고, 관할구역에 급속하게 퍼져가고 있는 공산주의에 대처해야 했다. 더욱이 중앙집행위원장 김좌진과 김동삼은 깊은 유대관계를 맺고 있는 사이였다. 김좌진이 대한군정서군을 양성할 때 서로군정서로부터 큰 도움을 받았었고, 당시 서로군정서를 이끌고 있던 이들이 바로 김동삼과 이상룡이었다. 이들은 1919년 3월 길림에서 발표한 대한독립선언서에 함께 서명한 최고 지도자들이기도 했다. 따라서 김좌진은 김동삼의 독립운동에 대한 열정과 통합의 순수성을 잘 알고 있었다. 김좌진은 신민부도 통합모임에 참석할 것을 약속했다. 이렇게 신민부가 나서자 만주지역 독립운동단체들이 3부를 중심으로 통일하자는 뜻을 같이하게 되었다.

1928년 5월 12일 만주지역 유일당 조직을 위한 '민족유일당촉성회'가 화전현華甸縣에서 열렸다. 만주지역 18개 단체가 참여했으며 반석현

磐石縣을 오가며 개최된 대규모 회의였다. 그러나 통합의 핵심이라 할 수 있는 참의부와 신민부가 회의에 참석하지 못했다. 참의부는 중국의 감시로 오는 도중 돌아갔고, 신민부 대표는 회의가 끝난 뒤에 도착했기 때문이다. 회의도 난관에 부딪쳤다. 유일당을 조직하는 방법에 대해 각 세력마다 의견이 달랐기 때문이었다. 독립운동단체를 조직해 30여 년 넘게 만주지역에서 세력을 유지하고 있던 그룹은 '단체' 위주로 유일당을 조직하기를 원했다. 그러나 기반이 약한 그룹들은 기존의 단체들이 기득권을 버리고 '개인' 중심으로 새로운 정당을 조직하기를 원했다. 15일 동안 진행된 회의에서 의견 차이는 좀처럼 좁혀지지 않았다. 결국 단체 중심을 주장했던 세력들은 '전민족유일당조직협의회(이하 협의회)'를 결성했고, 개인 중심을 주장했던 세력들은 '전민족유일당조직촉성회(이하 촉성회)'를 결성했다. 결국 유일당운동은 성과를 거두지 못했다.

통합회의가 결렬되면서 유일당운동은 새로운 국면에 접어들었다. 통합을 주도했던 정의부는 만주지역 모든 세력을 아우르는 것은 불가능하다고 보고, 3부만이라도 통합을 이루고자했다. 정의부는 1928년 7월 참의부와 신민부에 통합을 제의했고, 같은 해 9월 길림의 신안둔新安屯에서 3부 통합회의가 개최되었다. 김좌진은 황학수와 함께 통합회의에 참석했다. 그러나 이 회의도 결실을 맺지 못했다. 정의부는 기존의 단체를 중심으로 통합을 주장했고, 참의부와 신민부는 3부를 완전히 해체하고 새로운 유일당을 조직할 것을 주장했다.

5월에 개최된 '민족유일당촉성회' 상황이 반복되고 있었다. 이런 가운데 참의부가 내부 문제로 대표를 소환하는 일이 발생했다. 신민부에

민족유일당 회의가 열렸던 신안둔 마을

서는 민정파와 군정파의 대립으로 통합회의에 참석한 대표의 대표권 문제가 일어났고, 정의부도 내부적으로 의견이 통일되지 않았다. 결국 3부 통합회의는 본 회의를 개최하지도 못하고 해산되고 말았다.

통합을 이루지 못한 표면적인 이유는 '통합을 어떻게 할 것인가?'의 방법상의 문제였으나 근본적인 원인은 3부 구성원들이 이념과 투쟁노선을 극복하지 못했기 때문이었다. 신민부가 '자치활동'과 '무장투쟁'으로 나눠진 것처럼 각 단체들도 투쟁노선을 달리하는 세력들의 결집체였다. 잠재되어 있던 주장들이 통합회의를 통해서 드러난 것이었다.

김좌진도 통합회의 결렬 통보를 받았다. 통합회의가 결렬된 후 대립했던 세력들은 책임을 상대방에게 전가하기 시작했다. '통합'을 이뤄 효과적인 항일투쟁을 전개하고자 했던 유일당운동은 이렇게 끝나는 듯했다. 김좌진은 가만히 보고만 있을 수는 없었다. 정의부와 참의부도 내부 문제로 통합을 이룰 여건이 되지 못했으나, 신민부의 대표권 문제도 통합에 걸림돌이 되었기 때문이다. 3부 통합회의에 신민부 군정파만 참여한 것은 아니었다. 민정파에서도 김돈金墩·이일세李一世·송상하宋尙夏 등을 파견했다. 회의에 참석한 양 파는 모두 자신들이 신민부 대표임을 자처하여 신민부의 대표성 문제가 발생했다. 회의를 주최한 정의부는 대표 문제를 무조건 타협하거나, 타협이 어려우면 공동으로 출석할 것을 요구했다. 또한 두 가지 모두 불가능하다면 심사기관에서 심사를 거쳐 대표를 결정할 것을 제안했다.

민정파는 심사를 받겠다는 뜻을 보였으나 군정파는 모든 제안을 거부했다. 군정파는 정통성이 있는 자신들이 민정파와 심사를 받는 것조차 받아들일 수 없었다. 또한 정의부가 기존의 단체 중심으로 유일당을 조직하자는 주장을 굽히지 않는 것을 보면서, 정의부가 유일당을 자신들의 세력 안에 두려는 의도가 있음을 의심하지 않을 수 없었다. 신민부 군정파는 3부 통합회의에서 탈퇴할 수밖에 없었다. 김좌진으로서는 군정파와 민정파의 내분을 해결하지 못한 상황에서 유일당 조직에 나선 것부터 무리가 있었다.

김좌진은 통합노선을 같이 했던 김동삼·김승학 등과 세력 규합에 나섰다. 김동삼은 정의부가 단체 본위로 유일당을 조직할 것을 결의하자 정의부를 탈퇴하고 통합회의에 참여했다. 정의부가 기득권을 포기하지 않고 기존의 단체를 중심으로 통합을 추진한다면 통합은 불가능하다고 보았기 때문이다. 김동삼의 주장은 참의부와 신민부가 통합의 선결조건으로 내세웠던 '3부의 완전한 해체 후 유일당 조직'의 원칙과 같은 것이었다. 김승학은 참의부 대표였으나 참의부가 대표권을 무시하고 소환명령을 내리자 참의부를 탈퇴했다. 이들은 곧바로 의견일치를 보았고, 1928년 12월 하순 길림에서 혁신의회革新議會를 조직했다. 김좌진을 비롯해 신민부 군정파인 황학수黃學秀·김시야金時野·정신鄭信, 참의부의 김소하金筱夏, 김동삼과 같이 정의부를 탈퇴한 김상덕金尙德·김원식金元植·이청천李靑天 등도 함께 했다.

혁신의회는 유일당 결성을 추진하고, 군사 문제를 협의하면서 합법적인 자치기관 조직을 우선사업으로 정했다. 먼저 참의부가 활동하던 지역을 남일구南一區, 정의부가 활동하던 지역을 중일구中一區, 신민부가 활동하던 지역을 북일구北一區로 활동구역을 설정하고 세력을 확대해 나갔다. 김좌진은 혁신의회를 조직하면서 신민부 군정파를 해체했다. 기존 단체를 해체하고 유일당을 조직한다는 원칙에 따른 것이다. 혁신의회는 결성 목적을 추진하기 위해 민족유일당재만책진회民族唯一黨在滿策進會(이하 책진회)를 결성하고 다음과 같은 활동방침을 세웠다.

① 일반 구성분자를 책려策勵하여 당의 집성토대集成土臺를 분투시킬 것

② 조선의 혁명에 대한 이론을 전개하여 만주운동의 내재적 모순을 정리하고 대당大黨 촉성의 준비에 노력할 것
③ 대당이 성립하기 전 과도기에 악독한 마수의 침입을 방지하고 만몽滿蒙침략 적극정책을 배제할 것

김좌진은 책진회 중앙집행위원으로 선출되었다. 그러나 김좌진은 혁신의회와 책진회 활동을 지속하기 어려웠다. 혁신의회에는 재중국한인청년동맹在中國韓人靑年同盟과 같은 공산주의세력도 참여하고 있었다. 한인청년동맹은 유일당운동에서 개인본위를 주장했던 촉성회 주도세력이었으며, 혁신의회에도 참여했다. 하지만 이 단체는 신민부와 갈등을 빚고 있던 조선공산당 만주총국의 외곽단체였다. 김좌진뿐만 아니라 신민부 군정파는 자유시참변 이후 북만지역에서 공산주의세력과 계속해서 대립하고 있었다. 김좌진으로서는 고민이 아닐 수 없었다. 이런 상황에서 1929년 4월 정의부가 '협의회'를 중심으로 통합 군정부인 국민부를 조직하기에 이르렀다. 불완전하기는 하지만 유일당을 조직한 것이다. 이런 상황에서 1929년 5월 혁신의회 활동기간이 종료되었다. 혁신의회는 군정부를 조직하기 위한 한시적인 임시기구였고 활동기간은 1년이었는데, 목적을 달성하지 못한 채 활동기간이 끝났던 것이다. 유일당으로 국민부가 조직되고 혁신의회 활동기간이 끝나자, 참여했던 지도자들은 각자의 근거지로 돌아가 군정부를 세우고자 했다.

김좌진도 혁신의회를 떠나야 했다. 신민부 근거지인 영안현을 중심으로 한 중동선 일대를 오랫동안 비워둘 수 없었다. 영안현에 근거를 두

고 있는 조선공산당 만주총국이 세력을 확장하면서 공산주의에 동조하는 동포들이 계속해서 늘어나고 있었기 때문이다. 이는 쉽지 않은 결정이었다. 신민부 군정파를 해체한 상황에서 다시 조직을 결성해야 했다. 앞으로 헤쳐가야 할 일들이 난관의 연속임은 불을 보듯 뻔한 일이었다. 유일당을 조직하기 위해 의기투합했던 동지들을 두고 떠나야 하는 마음도 무겁기만 했다. 김동삼과의 이별은 더욱 그러했다.

아나키즘을 받아들이다

김좌진은 영안현 해림海林으로 돌아왔다. 그러나 돌아온 북만지역의 현실은 김좌진이 생각했던 것보다 심각했다. 1920년대 중반부터 북만지역에 확산된 공산주의세력은 민족주의 진영을 크게 위협하고 있었다. 1925년 조선공산당 만주총국의 결성이 가장 큰 요인이었다. 만주총국이 결성되기 전에는 민족주의와 공산주의는 항일독립이라는 공통된 목적 아래 서로 협조하며 민족운동을 전개했다. 그러나 만주총국이 결성되면서 상황은 달라졌다. 만주총국과 신민부는 세력을 확대하는 과정에서 크게 대립하게 되었다.

김좌진은 공산주의에 무조건적인 적대감을 가졌던 것은 아니었다. 1925년 초 서울청년회 계열과 합작해 공산주의자 동맹을 결성하기도 했고, 유일당운동을 펼치며 공산주의세력과 연합하기도 했다. 하지만 만주총국은 세력을 확장하면서 '신민부는 독립운동의 가면을 쓰고 자금을 징수해 농민을 괴롭히고 있다'고 선전하며 신민부를 공격하고, 동포들을 공산주의세력으로 끌어들이고 있었다. 공산주의세력의 확대는 신민부의 기반인 대종교 약화를 말하는 것이기도 했다. 미쓰야협정 이후 일제는 대종교 포교금지를 내렸고, 대종교도들은 큰 시련을 겪으면서 세력이 크게 약화되었다. 공산주의세력은 이 틈을 이용해 세력을 크게 확장했던 것이다. 김좌진은 대종교적 민족주의자였다. 신민부도 중광단과 대한군정서를 잇는 인물들이 주축을 이루고 있었다. 따라서 신민부는 공산주의세력과의 대립을 피할 수 없었다.

공산주의세력의 확대보다 신민부에 대한 동포들의 인식이 더 큰 문제였다. 신민부는 무장독립운동단체였다. 따라서 관할구역의 동포들을 대상으로 의무금을 징수하고 징병제를 실시했다. 독립운동을 펼치기 위해서 어쩔 수 없는 상황이긴 했지만 동포들의 희생을 강요하고 있었다. 동포들은 중국인 지주의 횡포와 일제의 감시와 탄압을 받는 중에도 신민부를 지원해야 하는 이중고를 겪고 있었다. 동포들은 불만을 가질 수밖에 없었다. 신민부원들의 권위적인 행동은 동포들을 신민부로부터 더욱 멀어지게 했다. 신민부 군정파원들 중에는 동포들에게 위세를 부리거나 농민들을 사살하는 경우도 있었다. 재만동포들은 겉으로는 신민부를 따르고 있었지만 속으로는 위협을 느끼는 지경에 이르렀고, 신민부를 이끌고 있던 김좌진은 '폭군'으로 인식될 정도였다. 어린 시절부터 '강한 것은 누르고 약한 것은 돕는다'는 생각을 갖고 있던 김좌진에게 '폭군'이라는 평가는 견딜 수 없는 것이었다.

김좌진은 북만지역에 신민부를 대체할 새로운 조직을 결성해야 했다. 기존의 신민부 조직으로는 멀어진 동포들을 다시 결집시킬 수 없었다. 새로운 이념체계도 필요했다. 사회적 불평등과 계급모순을 청산하자는 이념을 바탕으로 동포사회에 침투하고 있는 공산주의세력에 효과적으로 대처해야 했기 때문이다. 문제를 해결해 준 이들은 신민부와 북만지역에서 활동하던 아나키스트들이었고, 사촌동생인 김종진의 역할이 컸다.

김종진

김좌진은 1927년 10월 뜻하지 않은 방문객을 맞았다. 고향인 홍성에서 찾아온 사촌동생 김종진이었다. 김종진은 홍성에서 3·1운동에 참여한 후 북경으로 망명했고, 운남군관학교를 졸업한 후 항일무장투쟁을 위해 족형族兄인 김좌진을 찾아왔다. 김좌진은 먼 이국땅에서 사촌동생을 만났다는 기쁨은 이루 말할 수 없었다. 더욱이 군관학교를 졸업한 인재였다. 당시 참모가 부족했던 김좌진에게 군정활동을 도울 참모가 뜻하지 않게 생긴 셈이다. 당시 신민부는 중앙집행위원장인 김혁이 일제에 체포되고, 민정파와 군정파로 나뉘어 분란을 겪고 있었다. 이를 타개하기 위해 중국 국민당정부와 연합해 일제와 장작림을 상대로 무장투쟁을 벌이려던 계획도 국민당 대표가 장작림에게 체포되어 무위로 끝난 시점이었다. 김종진은 신민부가 당면한 문제 해결을 위해 관할구역 동포들의 생활실태와 의식정도를 파악할 것을 건의했다. 동포들의 실상을 파악하고 현실에 맞는 투쟁방법을 찾기 위함이었다. 김좌진은 건의를 받아들여 실태파악을 지시했다.

김종진은 1928년 1월부터 8개월여에 걸쳐 북만지역 동포들의 실태

이회영

를 조사했고, '교포의 조직화와 훈련계획안'을 제시했다. 아나키즘에 입각한 경제공동체로서 농촌자치조직과 교육 및 훈련에 대한 방안이었다. 아울러 권력과 지배를 배제한 무정부주의를 소개하고, 아나키스트들과 연합할 것을 덧붙였다. 김종진은 아나키즘을 바탕으로 신민부를 개혁하고자 했다. 그렇다. 김종진은 아나키스트였다. 김종진은 북경으로 망명한 후 대표적인 아나키스트 이회영을 만났다. 이회영의 추천으로 운남군관학교를 졸업한 후 독립은 무장투쟁으로만 가능하다는 판단 아래 만주행을 선택했다. 김종진은 만주로 향하던 중 1927년 10월 천진에 머물고 있던 이회영을 찾아가 오랜 시간 토론했다. 김종진은 이회영과의 사상적 토론을 통해 아나키즘이 조국 독립의 가장 현실적인 사상임을 자각했다.

공산주의에 대응할 이념과 방략을 고민하던 김좌진에게 아나키즘은 새로운 대안으로 떠올랐다. 신민부처럼 정당제도나 위원제도와 같은 중앙집권적 정부 조직은 아니지만, 공산주의처럼 경직된 이념도 아니었다. 독립운동 과정에서 권력투쟁과 파벌로 인해 많은 실패를 경험했던 김좌진에게 개인의 자유의사와 자유합의를 존중하는 아나키즘은 민족주의를 대체할 이념으로 받아들여졌다. 그리하여 김좌진은 아나키즘을 수용했다. 지도부의 권위나 절대명령에 의존하지 않고 동포들의 자치를 주장하는 아나키즘이 북만 지역을 사로잡고 있는 공산주의에 대항할 이상적인 사상체계로 여겼던 것이다. 하지만 철저한 대종교적 민족주의자였던 김좌진이 아나키즘을 전적으로 수용했다고 보기는 어렵다. 당시 김좌진의 아나키즘에 대한 인식은 아나키스트 유림柳林과의 토론을 통해 알 수 있다.

유림

"사상은 사상을 통해 막을 수 있으므로 공산주의사상에 대항하려면 그 사상보다 한 걸음 더 나아간 무정부주의로만 막을 수 있다."

이에 김좌진은 다음과 같이 주장했다.

"주의는 주의로 대항할 수 있다고 생각할 수 있으나 주의가 궁극의 목적이 아니라 인간의 행복이요 동시에 우리 민족이 복되게 잘사는 것이 염원인 이상, 그 목적을 위하여 또 우리의 특수한 처지에 알맞은 이론을 세워야 할 것이지 꼭 남들이 주장하여 오는 무슨 주장이라야 될 것은 아니다."

김좌진의 주장은 공산주의세력을 부분적으로 수용할 수 있음을 내포하고 있다. 그러나 김좌진은 아나키즘을 받아들였다. 당시 김좌진이 처한 상황과 아나키즘은 공통분모가 있었기 때문이다. 바로 '공산주의에 대한 절대 배격'이었다. 아나키즘은 통치기구의 폐지와 개인의 자유성 및 자유의지와 자유연합을 주요 목표로 삼는다. 하지만 공산주의는 철

이을규

저한 조직규율과 중앙집권, 프롤레타리아 독재를 강조한다. 따라서 한국인 아나키스트들은 공산주의자들이 혁명을 내세워 독재를 획책한다고 비판하며 타도의 대상으로 삼고 인류의 적으로까지 규정했다.

김좌진은 김종진에게 아나키스트들의 결집을 지시했고, 그 결과 1927년 7월 재만조선무정부주의연맹在滿朝鮮無政府主義者聯盟(이하 재만무련)이 결성되었다. 재만무련은 주의나 사상과 같은 이데올로기가 아닌 재만동포의 생존권 보장에 중점을 두고 농민의 경제적 협동체로서 농촌자치조직과 교육에 전념할 것을 창립목표로 내세웠다. 재만무련은 이를 위해 다음과 같은 강령을 발표했다.

① 우리는 인간의 존엄과 개인의 자유를 완전히 보장하는 무지배 사회의 구현을 기약한다.
② 사회적으로 모든 사람은 평등하므로 각인의 자주·창의 또는 상호부조적 자유합작으로써 각인의 자유발전을 기한다.
③ 각인은 능력껏 생산에 근로를 바치며 각인의 수요에 응하여 소비하는 경제질서 확립을 기한다.

재만무련은 북만지역에서 활동하던 아나키스트 17명이 조직했다. 김종진이 중심이었으며, 상해에 있던 이을규李乙奎도 합류했다. 이을규는 북경에서 이회영·신채호 등과 교류하며 아나키스트가 되었고, 1924년에는 이회영·류자명柳子明·백정기白貞基 등과 재중국무정부주의자연맹을 조직해 권력을 배재하고 자유연합·자유평등 원리에 의한 항일독립운동을 펼친 아나키즘운동의 거물이었다. 그는 1927년 남경에서 신채호 등과 동방무정부주의자연맹을 결성해 무정부주의자들의 국제적 연대를 도모하던 중 김종진의 초청으로 해림에 왔다. 따라서 재만무련의 사상체계와 투쟁방략을 설정하는 데 크게 기여했을 것으로 보인다. 신민부 군정파의 이붕해李鵬海·이종주李鍾柱·이강훈李康勳 등도 참여했다.

재만무련은 '우리는 재만동포의 항일 반공사상의 계몽 및 생활개혁의 계몽에 주력한다'는 강령을 발표해 철저히 '항일·반공' 노선을 추진할 것을 천명했다. 또한 '우리는 항일독립전선에 민족주의자들과 우군으로 협조하고 협동작전의 의무를 수행한다'는 강령을 발표해 민족주의 단체와 연대할 것을 결의했다. 민족주의와의 연합은 신민부 군정파와의 연대를 염두에 둔 것이었다. 재만무련도 단체를 조직하기는 했으나 실질적인 세력이 없었기 때문에 신민부 군정파와의 연합은 반드시 필요했다.

이루지 못한 꿈, 한족총연합회

김좌진은 재만무련이 결성되자 이들과의 연합을 추진했다. 그는 재만무련이 공산주의를 배격하고, 동포들이 갖고 있는 신민부 군정파에 대한 두려움을 해소시켜줄 것으로 기대했다. 실제로 재만무련은 '우리는 한 개인의 농민으로서 농민 대중과 같이 공동 노작勞作하여 자력으로 자기

생활을 영위하는 동시에 농민들의 생활개선과 영농방법의 개선 및 사상의 계몽에 주력한다'는 강령을 바탕으로 독립운동단체와 재만동포는 하나라는 인식을 심어주고자 했다. 동포들은 독립운동단체에 대한 지원과 독립운동가들의 생계를 짊어지고 있었다. 김좌진은 스스로 노동을 통해 생계를 유지한다는 재만무련 노선이 이탈된 동포들의 민심을 잡고 새로운 바람을 일으킬 것으로 여겼다.

김좌진은 1927년 7월 대종교적 민족주의를 보류하고 재만무련의 무정부주의를 수용해 한족총연합회韓族總聯合會를 결성하고 다음과 같이 강령과 사업정강을 발표했다.

강령

1. 본회는 국가의 완전한 독립과 민족의 철저한 해방을 도모한다.
2. 본회는 민족의 생활안정을 도모하고 동시에 혁명적 훈련의 철저를 기한다.
3. 본회는 혁명 민중조직 완성의 실현을 기한다.

사업정강

• 혁명

1. 파괴·암살·폭동 등 일체의 폭력운동을 적극적으로 진행한다.
2. 일반 민중은 혁명화시키고 혁명은 군사화 한다.
3. 내외를 불문하고 합법운동과 기회주의자를 박멸한다.
4. 반민중적 정치운동 이론을 철저히 배척한다.

5. 파벌을 청산하고 운동선을 완전히 통일한다.

6. 운동선 전국면에 우익단체와의 친선을 도모한다.

7. 세계사조와 보조를 동일하게 한다.

8. 세계혁명자와 친선적 연락을 계획하고 상호운동의 정세를 선전한다.

• 산업

1. 주민의 유랑생활 방지

2. 토지의 공동 조득租得 장려

3. 공농제共農制의 적극적 실시

4. 산업에 대한 기능보급

5. 부업의 적극장려

• 행정

1. 지방자치 확립

2. 각 지방자치제와 상호 연락하여 상호 부조

3. 민중의 피지배자적 노예적 습성 개선

4. 지도계급 전제행동 방지

• 교육

1. 실생활에 적합한 교육정책 실시

2. 교육자격 선택

3. 교과서와 학제통일

4. 중등교육기관 적극 설치

5. 여성과 청년운동의 지도 장려

6. 비현대적 인습타파

• 경제

1. 공동판매, 공동소비조합 설치 적극 장려

2. 농촌식산금융조합 설립

3. 농민창고 설립

강령과 사업정강을 보면 한족총연합회는 아나키즘의 정치 체제를 적극적으로 수용하고 있음을 알 수 있다. 가장 주목되는 것은 의열투쟁을 적극적으로 행할 것을 주장하고 있다는 것이다. 아나키즘은 독립의 방법으로 민중의 직접혁명을 감행해야 한다고 보았다. 민중이 주체가 되어 권력적 강제와 지배가 없는, 모든 개인이 자유로운 사회를 건설하고자 했다. 이러한 이상사회를 건설하기 위해서 '암살·파괴·폭동'에 의한 '폭력혁명론'을 제시했다. '폭력혁명'은 아나키스트들이 조국을 독립시키고, 자신들이 추구했던 이상사회를 건설하기 위한 정당한 수단이었던 것이다. 대표적인 아나키스트인 신채호·이회영·류자명 등은 일제가 조선을 식민지배하고 있는 상황에서 국가 권력에 대한 반대는 일제에 대한 반대이며, 일제 관리의 암살과 일제 통치기관의 파괴는 항일독립운동이라는 사상체계를 정립해 독립운동의 새로운 방향을 제시했다.

재만무련의 핵심인물이었던 김종진·이을규는 이들로부터 감화를 받아 아나키즘을 수용한 이들이었다. 따라서 이들이 갖고 있던 사상이 한족총연합회에도 크게 영향을 미친 것이다. 지방자치제를 확립한다는 것도 같은 맥락이었다. 아나키즘은 사회발전 원리로 경쟁보다는 상호 부조를 강조하고, 하나의 통일체보다는 지방자치를 실현하고자 했다. 효과적인 항일투쟁을 위해서는 일부 지도자가 아니라 일반 대중이 직접 참여하는 지방자치를 이상적으로 여겼던 것이다.

이러한 모습은 한족총연합회의 인적 구성을 통해서도 나타난다. 한족총연합회는 인민대표회의·집행위원회·협의의원회 등 세 개의 기관을 설치했으며, 군사위원회·농무위원회·교육위원회·경제위원회 등 네 개의 위원회를 설치하고 다음과 같이 간부를 선출했다.

집행위원장 : 김좌진

부위원장 : 권화산

조직·선전·농무위원장 : 김종진

조직·선전·농무부위원장 : 한규범韓奎範·정신

교육위원장 : 이을규

교육부위원장 : 박경천朴耕天

교육차장 : 이달李達·김야운金野雲·김야봉金野蓬·이덕재李德載·엄형순嚴亨淳

경제위원장 : 박찬순朴燦淳

군사위원장 : 이붕해

군사부위원장 : 강석천姜石泉

간부들을 보면 김좌진이 한족총연합회를 재만무련 출신들로 운영하고자 했던 의도를 엿볼 수 있다. 자신이 집행위원장을 맡았으나 실질적 운영부서라 할 수 있는 조직·선전·농무위원장과 교육위원장, 군사위원장을 모두 재만무련 인물들이 맡게 한 것이다.

김좌진은 희망에 부풀었다. 그는 청산리대첩 이후 계속해서 좌절을 경험하고 있었다. 자유시참변은 말할 것도 없고, 신민부의 민정파와 군정파로의 분열, 유일당운동의 좌절 등 독립운동의 이상을 실현하고자 했던 일들이 뜻대로 이루어지지 않았었다. 그러나 김좌진은 자신감을 회복했다. 한족총연합회가 공산주의에 대응해서 북만지역에 새로운 바람을 일으킬 것으로 기대했다. 그의 곁에는 젊은 참모들이 있어 기대는 클 수밖에 없었다.

김좌진은 한족총연합회 목적을 실천하기 시작했다. 가장 중심적으로 추진한 일은 농촌 자치조직을 결성하는 것이었다. 항일투쟁을 펼치기 위해서는 재만동포들의 생활 안정이 가장 시급한 문제였다. 나라를 잃고 남의 땅에서 살아가야 하는 동포들의 삶은 만주 어디나 다를 바 없었으나, 북만지역은 더욱 심했다. 중국인 소작농이었던 북만동포들은 비싼 소작료와 수탈에 생활이 나아질 기미가 없었다. 먹고 사는 문제를 해결하지 못하는 동포들에게 민족의식이나 독립운동 지원과 같은 말은 공허한 메아리일 뿐이었다.

한족총연합회 간부들은 한인마을들을 찾아다니며 강연회를 개최하고 연극공연 등을 실시하며 자치조직 결성을 독려했다. 신민부 시절처럼 권위적이지 않았다. '지도계급 전제행동 방지'를 강령으로 삼을 정도

만주에 이주한 한인들이 탈곡하는 모습

로 철저하게 동포들의 자유의지에 의해 주민자치 조직을 결성하고자 했다. 그러자 동포들의 민심이 조금씩 돌아오기 시작했다. 동포들은 생활개선과 영농방법 개선 등 한족총연합회가 추진하는 사업들에 동참하기 시작했고, 동포들의 마을에는 구성원 스스로가 힘을 모아 이끌어 나갈 자치조직들이 결성되기 시작했다. 한족총연합회가 구상했던 목표들이 실현되기 시작한 것이다. 이러한 성과를 얻는 데는 김종진과 이을규의 공헌이 컸다. 이들은 아나키즘을 바탕으로 신민부를 한족총연합회로 개편한 장본인들이었다. 따라서 한족총연합회를 통해 자신들이 구상했던 이상사회를 건설하고자 했으며, 한인마을들을 찾아다니며 동포들을 설득하고 자치조직을 결성하는 데 전력을 다했다.

김좌진은 교육사업에도 심혈을 기울였다. 한족총연합회에서도 교육사업을 추진해야 한다는 신념은 여전했다. 한족총연합회는 북만지역 동포 자제들을 교육하기 위해 소학교와 중학교 설립에 나섰다. 소학교는 8세부터 입학이 가능한 4년제였고, 소학교를 졸업한 학생들을 대상으로 3년제의 중학교육을 실시하고자 했다. 소학교는 50여 개가 운영되었다. 이들 중에는 신민부 시절 설립된 학교가 대부분이었으나 구강포九江泡학교·보신保新학교·동신東新학교 등을 새로 설립하기도 했다. 이들 학교에서는 교과공부 외에 애국심과 민족의식을 고취하고, 아나키즘의 상호부조와 자치정신 등을 교육했다. 학생들은 잠재적인 독립군이었기 때문에 군사교육도 병행해서 이루어졌다. 또한 일반 성인교육도 실시했다. 성인들에게는 생활개선·직업훈련·독립정신 함양·공산주의 비판·무정부주의 이념 등을 교육했다. 대상은 20세 이상의 청장년이었고, 순회강연 형태로 이루어졌다.

김좌진은 무장투쟁 계획도 세웠다. 그의 활동에는 늘 무장투쟁이 자리 잡고 있었다. 한족총연합회에는 신민부 군정파가 참여하고 있었기 때문에 군정활동도 주요 사업 중에 하나였다. 또한 농촌자치조직을 통해 자금을 조달하고, 동포들을 대상으로 군사훈련을 실시하고자 했다.

아직도 조국을 위해 할 일이 많은데… 07

믿을 수 없는 비보, 김좌진의 순국

1930년 2월 9일. 『동아일보』는 '신민부 수령 김좌진 피살설'이라는 믿기지 않는 기사를 보도했다. 만주에서 활동하던 김좌진이 1930년 1월 해림에서 피살되었다는 것이다. 『조선일보』도 같은 내용의 기사를 실었다. 기사의 진원지는 하얼빈과 북만주에 출장 갔던 일제 경찰의 보고였다. 믿기지 않았던 기사가 사실로 확인되는 데는 며칠이 걸리지 않았다. 2월 13일부터는 김좌진의 죽음을 명확한 사실로 보도하기 시작했다.

사실이었다. 청산리대첩을 승리로 이끈 만주항일무장투쟁의 신화였던 김좌진이 순국한 것이다. 1930년 1월 24일(음력 1929. 12. 25) 오후 2시경, 김좌진은 자신이 운영하던 정미소에서 암살당했다. 범인은 정미소에서 일하던 공산주의자 박상실朴尙實이었다.

김좌진은 해림의 산시山市에서 정미소를 운영하고 있었다. 북만주 한인들은 농사를 지으며 생활하고 있었다. 한인들은 생산된 미곡을 도

新民府首領
金佐鎭被殺說
해림에서청년에게사격돼
事實眞假는尙未判

북만주(北滿洲)에근거를둔신민부(新民府)의 두령김좌진(金佐鎭)씨는 지난일월이십사일에해림(海林)이라는곳에서 김일청(金一淸)이라는청년에게사살을당하얏다는 말이잇다는데 씨는 지금으로부터이십년전에일한합병에불평을품고 만주로건너가서다수한청년동지를규합하야이래광복운동에노력하는일방군대를조직하야 훈련을시키는등여러가지운동에관계하든사람으로서근자에는정책의상위로반대파가잇게되어 금번에사살하얏다는청년은 전긔반대파의 청년이라고전한다

김좌진 순국을 보도한『동아일보』기사(1930년 2월 9일자)

정해야 했으나, 정미소가 부족했다. 더욱이 정미소는 모두 중국인들이 운영하고 있어 비싼 도정료를 내야했다. 한족총연합회는 동포들이 값싸게 도정할 수 있도록 정미소를 설치했다. 한인동포들의 생활안정을 고심했던 김좌진이 동포들의 편의와 경제적 이익을 위해 추진한 대표적 사업이기도 했다. 김좌진은 이곳에서 직원으로 위장해 일하던 박상실의 흉탄에 맞아 목숨을 잃었다.

김좌진이 암살당했다는 비보는 국내외에 충격을 안겼다. 청산리대첩을 승리로 장식하며 만주항일무장투쟁을 이끌었던 김좌진의 죽음은 독립운동계의 타격이 아닐 수 없었다. 독립운동의 대표적 지도자였으며 북만지역 민족운동 진영의 상징적 존재를 잃었다는 슬픔도 컸지만, 그 비극이 동족의 손에 의해 자행되었다는 사실이 더 큰 충격을 주었다. 한인동포들의 자치조직이 결성되고 한족총연합회가 추진했던 사업들이 조금씩 결실을 맺고 있던 시점이라 안타까움은 더했다.

박상실은 김좌진 암살 후 많은 의문점을 남긴 채 도주했다. '박상실은 누구이며, 왜 김좌진을 죽였는가?' 에 대한 논란이 지금도 계속되는

이유이다. 이러한 논란에 대해 지금까지 연구들을 정리해 보면 다음과 같다. 먼저 김좌진을 암살한 인물이 박상실이라는 것은 분명하다. 정미소에서 1년여간 일하면서 박상실이라는 이름을 사용했기 때문이다. 문제는 박상실이 본명이 아닐 가능성이 높다는 것이다. 박상실의 본명에 대해서는 여러 이름들이 거론되고 있지만 대체로 '공도진公道珍', '이복림李福林'으로 알려져 있다. 당시 조선공산당 만주총국에서 활동했던 양환준은 김좌진 암살범을 공도진으로 지목했다. 공도진(일명 이복림)이 양환준에게 다음과 같이 한 말이 그 근거가 되었다.

"(조선공산당 만주)총국에서 나에게 특수임무를 주었기에 나는 김좌진이 꾸리는 정미소에 근 1년간 잠복해서 일만하는 사람으로 알게 했다. 1929년 음력 설 밑의 어느 날 신민부 고관들이 정미소로 온 기회에 김좌진을 명중하고 도망쳐 왔다."

양환준은 당시 공도진과 함께 조선공산당 만주총국에서 활동하고 있었고, 어린 시절 함께 자란 친구사이였다. 양환준에 의하면 공도진이 '이복림, 최동범'이라는 가명을 사용했다고 한다. 공도진은 조선공산당 만주총국에서 활동했으며, 김좌진이 암살된 후에는 동북항일유격대 합동지대 당위서기, 동북인민혁명군 군법처장, 항일연군 제3군 제1사 정치부 주임 등 중국공산당의 핵심인물로 활동했다. 이복림과 공도진은 같은 인물이지만, 박상실의 본명인지는 분명치 않다. 하지만 김좌진 암살에 조선공산당 만주총국이 깊게 관여했다는 것은 사실이다. 김좌진의 장례식 때 낭독되었던 「고김좌진선생 약력」에서도 범인을 '고려공산청년회의 일원이며, 재중한인청년동맹 박상실'로 밝히고 있다.

복원된 금성정미소

김좌진 순국 장소

한족총연합회가 결성될 당시 북만지역에는 화요파, 서울·상해파, ML파 등 세 개의 공산주의세력이 있었으며, 김좌진 암살은 화요파인 조선공산당 만주총국(이하 만주총국)에 의해 자행되었다. 김좌진이 활동하고 있던 영안현은 북만지역에서도 공산주의운동이 가장 활발한 곳이었고, 만주총국과는 신민부 시절부터 갈등의 골이 깊었다. 김좌진이 신민부를 개편해 한족총연합회를 결성할 때도 만주총국은 격렬하게 반대했다. 한족총연합회가 '반공'을 기치로 내걸고 조직되었기 때문이다. 그러나 한족총연합회가 동포들의 지지를 얻으며 세력을 확장해 가자 만주총국은 긴장하기 시작했다. 한족총연합회와 만주총국은 팽팽한 대결상태에 놓이게 되었고, 위기감을 느낀 만주총국은 결국 김좌진 암살이라는 극단적인 방법을 선택했다. 그러나 한족총연합회 타도를 내세우고 세력 확장을 저지하려 했던 만주총국이었지만, 만주항일투쟁의 명망 있는 독립운동가인 김좌진 암살은 쉽게 내릴 수 있는 결정이 아니었다.

김좌진 암살은 만주총국의 박상실이 자행했지만 그 배경에는 일제와 만주총국 간부였던 김봉환金奉煥(일명 김일성金一星)이 있었다. 김좌진의 최측근으로 활동했던 이강훈은 그의 저서인 『한국독립운동대사전』과 『항일독립운동사』에서 '김좌진 암살의 하수인은 박상실이고 배후 지시자는 김봉환이며, 김봉환은 하얼빈 일본영사관 경찰의 사의謝意에 보답하기 위해 대죄를 범했다'고 했다. 이강훈이 말하는 '사의'란 김봉환이 공산주의 문장을 발표했다가 하얼빈 일본영사관에 체포되었으나, 일제 고등계 형사 마쓰시마松島가 김봉환 부부와 '비밀계약'을 맺고 별일 없이 석방시킨 것을 말한다. 이강훈은 이 '비밀계약'이란 '두말할 것도 없이 김좌진 암살'이 명확하며, 박상실을 시켜 김좌진을 암살했다고 주장했다. 이강훈은 김좌진의 측근으로 김좌진 암살 직후 산시에서 한족총연합회 간부들과 유가족을 만나 사건을 조사했고, 대변인으로 조문객을 맞았다. 따라서 그의 회고는 김좌진 측근들의 조사를 통해 얻은 결론이므로 신빙성이 높다. 종합해 보면 김좌진 암살에는 만주총국 이전에 일제의 음모가 있었다는 것을 말해준다. 이 주장은 이후 김봉환이 변절해 일제에 귀순함으로써 더욱 설득력을 가졌다.

재중국조선무정부주의자연맹의 기관지 『탈환』(9호)에 실린 「산시사변의 진상」에는 더욱 구체적인 사실들이 기록되어 있다. 김좌진 암살의 주모자는 만주총국 간부인 김봉환이며, 행동대장은 박상실이라고 밝혔다. 이 기사에는 만주총국이 한족총연합회를 분열시키기 위해 김좌진을 암살했고, 김봉환 외에도 이주홍·이철홍·김윤 등이 연루되어 있음을 구체적으로 밝히고 있다. 미국에서 발행되던 교포신문인 『신한민보』도 1930년 7월 24일자 기사에서 이러한 사실을 보도했다. 정리해 보면 만주총국 간부 김봉환이 행동대장 박상실을 매수해 김좌진을 암살했다고 볼 수 있으며, 그 배경에는 하얼빈 총영사관으로 대표되는 일제가 있었다고 할 수 있다.

그런데 만주총국에서는 김좌진이 '마쓰시마에게 공산당에 대한 정보를 제공'하는 등 변절을 했기 때문에 그를 암살했다고 하였다. 이러한 주장은 양환준이 만주총국 시절 책임비서인 김백파와 조직부장 강화린, ML파 '재중국청년동맹' 제8구 책임비서였던 지희겸으로부터 들은 증언을 근거로 한다. 정보 제공자가 누구인지는 밝히지 않고 있으나 공산주

북만주를 진동케 한 산시 김좌진씨 사건

(자유 연합 신문에서)

「우리 한족 총련합회 보안대는 동지인 김좌진씨를 암살한 고려 공산당 간부인 두 명의 이름을 사회에 처하다.」

저권 저일파 독재 전제를 반항하야 혁명을 달성으려 하는 맑쓰 주의는 그 목덕을 달함에 어떠한 계책과 야심을 가지고 있든지 불고한다. 저들은 벌어져 비루비열을 유일의 무기로 삼아 사회 혁명을 공작하다. 이제 북만주 일대의 민중은 이종 상종을 여러가지 압박을 받고 신음중 특히 이 맑쓰 주의자의게 반수강권적 행동은 그들로 하여금 격렬히 비착을 하게 되고 각성을 하게 되었다.

저들 강권 주의자는 무엇 보다도 먼저 미인의 욕심을 각각 자기가 지배 계급에 올르라하야 민중을 속여서 모든 권력을 제장중에 너흐라고 하는 야심뿐이다. 그래서 북만주 민중은 이러한 사실을 깨트리고 [illegible] 공양 지배권을 가진 맑쓰 테러파의 주의 주장은 조선 희망을 [illegible] 동을 [illegible] 바혀케 하는것이라 인지하고 수년전 부터 「자유 연합 주의 기발 아래 그들은 단결되어 가지고 중앙 집권의 회의 독재적 전제를 비착하고 북만주 각지방의 농후 리회를 방하한 「한족 총련합회」라는 기관을 조직하게 되었다. 사실도 이 조직은 四천여년 력사상에 처음 건설된 농민 자치체라고도 할수 있다. 이러한 자유 련합세가 조직된 이후 이러한 뭇이여 세력 이있든 맑쓰 운동은 민중의 사이에 시러지고 한족 총련합회는 이기 바대로 날로 확장 되었다. 이 리유로써 공산당(즉 맑쓰 주의자) 들은 시기가 각별히

• • • • • • • • • •

아 도니이 한족 총련합회에서 유력한 분투 력하는 동지 김좌진군을 암착한 수단으로

• • • • • • • • • •

만주중동선 산시에서 암살한것이다.

이 사변의 주모자는 메二이어니 솜[illegible]의 숙한 악한이다. (그것은 고려 공산당과 조선 공산당이 데三국제당 지도하에 있는 사실)

김좌진군이 피살 당한 이 소문날 한이비에서 발가한는 루시아 기관지에는 우스대성공이나 한듯이 대서 특서로 「토비 강도를 죽임이라는 제목하에 써놓었다. 이 주동자는 전에 북평서 김천수와 가치 「혁명이이란는 공산 주의 잡지를 발간한 김봉환(일명은 일성)과 그외에 만주 고려 공산당의 주요한 간부들이며 또 그외에 리주히 리철로 기몬 들도 공모한 무리이지만 김좌진을 살해 한 사엔에 비겁하야 척이몰을 벗스타하던자 들이다. 이자 들은 그척이몰은 한족 총련합회의 일부의 행동이라고 역선전을 하야 공공식히라고 하던 사시을 리주한 을 취조한 결과 파복하였다. 또 어리석은 박상선(곧 별명)을 민수하야 이 음모를 실행식히것도 폭로 되엿다.

물론 맑쓰 주의자 들은 이것을 큰 성공으로 삼기만 모든 비겁한 행동은 다 폭로 되엿슴으로 민중은 공산 주의를 더 미워하고 저주하게 되고 동시에 한족 총련합회는 더 튼튼하게 되엇다. 싸라서 공산 주의자 들의 계획은 실패로 돌아가고 말엇다.

「이러한 지무자의 쓰는 비열한 수단으로 일이 혁명갈를 암살하는 저 들의 간악한 행동에 대하야는 우리도 용서할수 업슬뿐 아이라 우리 혁명선상에 장애물이 되는 저 들을 그대로 방어한다는 것은 절대로 허락지 못할것이다 우리는 공산당을 혁명선상에서 판결하지 않는 제국 주의와 갓치 묘자를 볼것이다.

조선 공산당은 수년 동안 하북중 운동을 주창하여 왓지만 우리 한족 총련합회는 그들이 어떠한 태도로 나가던지 도모지 용서할 수 업는것이다. 우리의 분도는 공시바율로 각반면에 활동하야 결정한것은 총련합회 보안대는 주동자 김봉환과 리주히 들을 사형하야 동지 김좌진군의 복수를 갑히 주련한다.

강권 주의자의 리유이나 맑쓰 주의는 무강권 자유 련합 주의를 파멸에 버오며 자주 자치의 정신보다 어는 저 들 공산당 무한은 무엇 보다도 포학의 파문을 보일것 바시게는 상쉬이 업다. 동지들이여! 이런 무리 들을 몰살시키리바리자.」

김좌진 암살 배후를 보도한 『신한민보』 기사(1930년 7월 24일자)

의계열에서 나온 공통된 의견이다. 이 부분은 확인할 수 있는 자료가 부족해 신중한 검토가 필요하다. 하지만 제공했다는 정보로 인해 만주총국이나 공산당 조직이 일제로부터 전혀 피해를 보지는 않았다. 일제의 기록에도 이와 관련된 내용이 없는 것으로 보아 김봉환이 날조했거나 다른 사람이 제공했다고 해도 진실이 아닐 가능성이 높다. 일제에 매수되어 변절한 만주총국의 김봉환이 김좌진 암살을 계획하고, '변절'과 관련된 정보를 제공해 김좌진 암살이라는 비극이 일어났던 것이다. 일제는 목적을 달성했다. 북만지역 대표적인 독립운동가인 김좌진을 제거했고, 이를 계기로 북만지역 민족운동계가 큰 분열을 겪기 때문이다.

한족총연합회는 장례 준비를 시작했다. 1930년 1월 27일 개최된 장례 준비회에는 70여 명의 동지들이 모였다. 장례의 총책임은 권화산, 대변인은 이강훈, 서무는 전명원·이지산·이달 등이 맡았다. 장례는 사회장으로 결정되었으며, 연락처는 산시의 한인학교에 두었다. 그러나 날씨가 너무 추워 자택 근처에 모셨다가 해동이 되면 치르기로 했다.

김좌진의 사회장은 국내외에서 모여든 1천여 명의 조문객이 참석한 가운데 1930년 3월 25일 거행되었다. 장례식은 한족총연합회·해림농무협회·산시농무협회 등 30여 단체의 대표가 참여한 가운데 오전 9시 시작되었다. 김좌진의 약력보고가 있었고, 각 단체의 추도문 낭독이 이어졌다. 장례행렬은 10여 리에 이어졌으며 그의 마지막 길을 지켜보기 위해 참석한 이들로 장사진을 이루었다. 김좌진은 인근 자경촌(현재 신흥촌)에 안장되었다. 평생을 항일투쟁에 헌신했던 김좌진은 그렇게 영면했다.

김좌진의 묘는 함께 활동하던 동지들이 보초를 서가며 보호했다고 한다. 일제가 만주를 침략하고 있는 상황에서 발생할 불상사에 대비하기 위함이었다. 그러나 묘를 안전하게 유지하는 것이 불가능해지는 상황이 발생했다. 일제가 1931년 만주사변을 일으켜 침략을 본격화하고 중동선 일대를 점령하기 시작했기 때문이다. 1934년 묘가 있는 자경촌에도 일본인들이 이민 온다는 소식이 전해졌다. 따라서 김좌진의 묘를 옮겨야 했다. 이장지는 고향인 홍성으로 결정되었다. 유해의 국내 송환

김좌진 사회장 당시 낭독되었던 약력

을 위해 홍성에서 부인 오숙근吳淑根 여사가 산시에 왔다. 유해 송환은 극비리에 진행되었다. 1934년(음) 4월 김좌진의 항일투쟁 동지들과 부하들은 유해를 창호지에 쌓아 이장을 준비했다. 하지만 일제의 감시를 피해 홍성까지 옮기는 일은 쉽지 않은 일이었다. 유해 송환은 오숙근 여사의 몫이었다. 오숙근 여사는 방물장수로 위장해 유해를 홍성으로 옮겼다. 만주항일무장투쟁의 영웅 김좌진은 그렇게 조국의 품으로 돌아왔다. 무장투쟁을 통해 조국을 독립시키겠다는 뜻을 품고 압록강을 건넌 지 17년만의 귀환이었다.

김좌진의 유해는 종산宗山인 충남 홍성군 서부면 이호리에 밀장되었

김좌진 사회장 모습

다. 밀장했던 장소는 최근 독립기념관에서 실시한 국내 항일독립운동사적지 실태조사에서 확인되었다. 홍주의병의 총수였으며, 김좌진에게 의리정신과 민족수호정신을 일깨워주었던 김복한 사우祠宇인 추양사秋陽祠 뒤편 산속이었다(충남 홍성군 서부면 이호리 70-1번지). 1945년 광복이 되면서 봉분이 조성되었고, 1958년(음) 1월 오숙근 여사가 타계하자 아들인 김두한이 현재 충남 보령시 청소면 재정리 산 50번지로 이장해 오숙근 여사와 합장했다.

광복 후 김좌진을 추모하는 사업이 진행되었다. 1946년 9월 추도회 준비위원회가 조직되고 다음해 1월 16일 추도회가 열렸다. 추도회

김좌진의 유해가 밀장되었던 묘소 터(충남 홍성군 서부면 이호리)

는 김구·조소앙·김상덕·이범석 등이 참석한 가운데 국제극장에서 엄숙하게 거행되었다. 유진산柳珍山의 개식사에 이어 이화여고 학생들의 추도가追悼歌로 시작된 추도회는 김상덕의 약력 보고에 이어 김구·조소앙·이범석 등의 추도문 낭독과 헌화가 이어졌다. 추도회는 비통한 가운데 진행되었으며, 백범 김구는 다음과 같이 김좌진을 회상하며 추모했다.

"서대문감옥에서 어느 청년이 내게 와 인사를 하는데, 나는 처음으로 이름만 듣던 청년이던 김좌진 당신을 만났소. 나는 그때 나이 사십에 17년 중역重役이었고, 당신은 5년의 형을 받았기에 당신이 먼저 나가서 일

백야공원에 건립된 김좌진 사당(백야사)

백야공원에 옮겨져 있는 김좌진 추념비

김좌진 묘

을 하겠다고, 밥을 먹을 때마다 내게 와서 둘이서 소곤거렸지요. 그 후 당신도 총에 맞고 나도 총에 맞았는데, 왜 나 혼자 살아서 오늘날 이 꼴을 본단 말이오. 당신은 영혼이 되시어 우리 동포를 이끌어 가는 나를 보호해 주시오. 그리고 땅 밑에서 당신과 만날 때 우리 둘이서 그 옛날 서대문감옥에서 하던 말 다시 말해 봅시다."

당시 추도회를 보도했던 『대동신문』 기사를 보면, 백범은 '나이 팔십의 체면도 잊어버리고 어린애처럼 목 놓아 통곡 또 통곡'하여 추도사가 몇 번이나 중단되고 추도식장은 눈물바다가 되었다고 한다. 추도회는 유족 대표인 김두한의 답사로 마무리되었다.

고향인 홍성에서도 추모사업은 이어졌다. 1949년 9월 17일 대한청년단 홍성군단은 성금을 모아 '고대한독립군총사령관백야김좌진장군추념비'를 홍성읍 오관리 남산공원에 세웠고, 1983년 5월에는 군민들의 성금과 국비 등으로 홍성읍에 동상을 건립했다. 보령시는 1971년부터 묘비건립·묘역개수 등 성역화 사업을 추진해 1989년 묘역정비사업을 완료했으며, 10월 22일을 제향일로 정하고 추모제를 거행하고 있다.

홍성군은 1991년부터 생가지 복원사업을 추진해 생가와 문간채·사랑채를 복원하고 전시관과 사당(백야사)을 건립했다. 2007년에는 생가지 및 사당 주변 16,400m²에 백야공원을 조성하고 남산공원에 있던 추념비도 옮겨졌다. 이 모든 것들은 김좌진의 독립정신을 기리는 역사교육의 현장으로 활용되고 있다. 이밖에도 김좌진기념사업회를 중심으로 추모사업이 이어지고 있으며, 순국지인 흑룡강성 해림시 산시에도 1999년 김좌진이 거주했던 자택과 금성정미소가 복원되었다.

김좌진의 삶과 자취

1889. 11. 24(음)	충남 홍주군 고남하도면 행촌리(갈산면 행산리)에서 김형규와 한산 이씨의 차남으로 태어남. 본관은 안동, 자는 명여, 호는 백야. 홍주의병 총수였던 김복한으로부터 의리정신과 민족수호정신을 배움. 한문사숙 선생인 김광호로부터 가르침을 받으면서 민족문제에 관심을 갖기 시작했으며, 그의 조카인 김석범으로부터 계몽의식을 형성하면서 성장.
1892. 3. 11(음)	부친 김형규 사망.
1902	오숙근과 결혼.
1905~1907	집안의 노비들을 해방시키고 집안의 토지를 나누어줌. 김병익·김병수·김병원·김병학·김선규 등 안동 김씨 문중인물들과 사립 호명학교 설립에 참여해 교육구국운동 펼침. 서울로 올라와 윤치성·노백린·유동열·이갑 등 신민회 인사들과 교류.
1909. 4.	기호흥학회 홍주지회에 가입해 활동.
1909. 6(음)	안승구·민병옥·김찬수·박종원·조형원·남정면·이영렬 등을 동지로 규합해 서간도 독립운동기지 건설을 논의.
1910	서울에 이창양행·영창양행, 신의주에 염직회사를 설립해 독립운동을 위한 연락거점으로 삼음.
1910. 12	안승구·민병옥·김찬수·박종원·조형원·남정면·이영렬 등과 서울에서 군자금 모집 시작.

1911. 3 군자금 모집 중 일제 경찰에 체포.

1911. 5. 17 경성지방법원에서 징역 2년형을 선고 받고 서대문형무소에 투옥.

1915. 7. 15(음) 대구에서 결성되는 국내비밀결사 광복회에 참여.

1915. 11 최익환·이기필·감익룡·신효범·성규식·강석룡·성욱환 등과 서울과 경북 일대에서 자금 모집.

1917. 3 군자금 모집 사건으로 체포되었으나 면소판정을 받고 풀려남.

1917. 4(음) 중국 지폐를 위조해 자금으로 사용하려는 계획 추진.

1917. 8 서울 거점인 어재하의 거처에서 광복회 총사령 박상진, 충청도지부장 김한종과 전별연을 갖고 광복회 만주부사령으로 파견.
석주 이상룡을 찾아가 독립운동에 대해 논의.

1919. 3 중국 길림에서 김교헌·김동삼·김약연·김좌진·이동휘·이상룡·이승만·이시영·박용만·박은식·신채호·안창호 등 민족지도자들의 이름으로 발표된 대한독립선언서에 민족대표로 서명하고, 여준·이상룡·유동열·박찬익 등이 결성한 길림군정사의 참모로 활동.

1919. 4(음) 국내에서 자금을 모집하기 위해 천경수를 국내로 파견함.

1919. 8 서일 총재의 초빙으로 대한정의단에 참여, 사령부 사령관이 되어 군사부문 전담.

1919. 9 김준한·김시현 등에게 무기를 제공해 국내 비밀결사 주비단을 지원.

1919. 10(음) 국내로 파견한 김영진이 충남 논산에서 대한건국단 조직.

1919. 12 대한정의단이 대한군정서로 개칭됨에 따라 대한군정서의

	사령부 사령관이 되어 군사부문 전담.
1920. 2	왕청현 춘명향 서대파에 사관연성소를 설치하고 독립군 양성에 주력.
1920. 5	대한군민회 · 대한신민단 · 군부도독부 · 대한광복단 · 대한의구부 등과 연합을 추진해 「재북간도각기관협의회서약서」에 대표로 서명함. 연합이 실패하자 서로군정서와 협조체제를 구축.
1920. 9	사관연성소 졸업생을 중심으로 대한군정서군을 조직하고 화룡현 청산리로 이동, 10월 12~13일 도착.
1920. 10. 21	대한군정서군을 지휘하여 청산리 백운평에서 일본군 야마다 연대 300여 명을 사살하고 승리.
1920. 10. 22	일본군 기마부대 120여 명을 전멸시키고 천수평전투에서 승리. 홍범도 부대와 연합작전을 벌여 일본군 300여 명을 사살하는 어랑촌전투에서 승리.
1920. 10. 23	맹개골전투, 만기구전투에서 승리.
1920. 10. 24	쉬구전투, 천보산전투에서 승리.
1920. 11	러시아 이만으로 이동해 홍범도 부대, 서로군정서 등과 연합해 대한독립단을 결성하고 참모부장 맡음.
1922. 8	의군부 · 독립단 · 광복단 · 국민회 · 신민단 · 의민단 · 대진단 등과 연합해 대한독립군단을 결성하고 군사부위원장 겸 총사령관 맡음.
1923. 5	군자금 모집을 위해 유정근을 국내로 파견해 보천교로부터 자금지원 받음.
1925. 3. 10	영안현에서 북만지역 독립운동단체를 통합해 신민부를 조직하고 군사부위원장을 맡아 군정활동 전담.

1925. 10. 12	대한민국임시정부 국무위원에 선임되었으나 취임하지 않음.
1926. 9	정신·류현·신영빈 등과 한국귀일당 조직.
1927. 2	일제와 중국 경찰의 공격으로 신민부 간부들이 체포되자 무장투쟁을 주장하며 민정파와 대립.
1927. 8	이중삼 등을 국내로 파견해 일본군 및 경찰의 주둔지를 파악하고 작전지도를 작성케 함.
1927. 10	사촌동생인 아나키스트 김종진에게 북만지역 한인동포들의 실상을 조사케 함.
1927. 12. 25	신민부가 교육과 산업에 치중하자는 '민정파'와 무장투쟁을 주장하는 '군정파'로 나뉘게 되자 중앙집행위원장이 되어 군정파를 이끎.
1928. 4	김동삼과 정의부·참의부·신민부 3부 통합을 논의.
1928. 9	정의부의 3부통합 제의를 받아들여 길림의 신안둔에서 3부 통합회의에 참석.
1928. 12. 3	부통합이 좌절되자 김승학·김동삼 등과 혁신의회를 조직하고, 민족유일당재만책진회 중앙집행위원 맡음.
1929. 7	대종교적 민족주의를 보류하고 아나키즘을 수용해 재만조선무정부주의자연맹과 연합해 영안현에서 한족총연합회를 조직하고 중앙집행위원장 맡음.
1930. 1. 24	박상실의 흉탄에 맞아 산시의 정미소에서 순국. 한족총연합회 주관으로 호상소를 차리고 조문객을 맞고 날씨 관계로 초빈을 마련.
1930. 3. 25	사회장으로 장례를 치르고 인근 자경촌에 안장.
1934. 4(음)	부인 오숙근 여사에 의해 유해가 홍성으로 옮겨져 김복한의

	사우 추양사 뒤편 안동 김씨 종산에 밀장.
1958. 1(음)	오숙근 여사가 타개하자 현재 충남 보령시 청소면 재정리 산 50번지로 이장.
1962	건국훈장 대한민국장 추서.

참고문헌

자료

- 『기호흥학회월보』·『대한매일신보』·『동아일보』·『조선일보』·『중외일보』
- 강덕상 편, 『현대사자료』 25~27, 원서방, 1970.
- 경상북도경찰부, 『고등경찰요사』, 1934.
- 광복단중앙총본부, 『광복단약사』, 1946.
- 광복회, 『광복회』, 1945.
- 국사편찬위원회, 『한국독립운동사자료집』 34, 1997.
- 국사편찬위원회, 『한국독립운동사』 2~5, 1968.
- 국사편찬위원회, 『한민족독립운동사자료집』 32·40, 1997, 2000.
- 국회도서관, 『한국민족운동사료』 1·2·3, 1977~1979.
- 김승학, 『한국독립사』, 독립문화사, 1965.
- 김정명, 『조선독립운동』 I~IV, 원서방, 1967.
- 김정주, 『조선통치사료』 5·7권, 한국사료연구소, 1970·1971.
- 김후경·신재홍, 『대한민국독립운동공훈사』, 한국민족운동연구출판부, 1971.
- 김희곤 편, 『박상진자료집』, 한국독립운동사연구소, 2000.
- 독립운동사편찬위원회, 『독립운동사자료집』 2·10·11집, 1972~1976.
- 독립운동사편찬위원회, 『독립운동사』 2~4, 1971~1973.
- 송상도, 『기려수필』, 국사편찬위원회, 1955.
- 안동독립운동기념관, 『국역 석주유고』, 경인문화사, 2008.
- 애국동지원호회, 『한국독립운동사』, 1956.
- 이강훈, 『항일독립운동사』, 정음사, 1974.

- 이범석, 『우등불』, 사상사, 1971.
- 이을규, 『시야김종진선생전』, 한흥인쇄소, 1963.
- 일본외무성 육해군성, 『일본의 한국침략사료총서』 26, 한국출판문화원, 1990.
- 일본외무성사료관소장자료, 『불령단관계잡건 조선인의 부』 7·9·10·11·13(국사편찬위원회 소장본).
- 정원택, 『지산외유일지』, 탐구당, 1983.
- 조선군사령부 편, 『불령선인에 관한 기초연구』, 1924.
- 조선총독부경무국, 『고등경찰관계연표』, 1930.
- 조선총독부경무국, 『국외용의조선인명부』, 1934.
- 조선총독부경무국, 『재만선인과 지나관헌』, 1930.
- 조선총독부경무국, 『조선의 치안상황』, 1927.
- 채근식, 『무장독립운동비사』, 대한민국공보처, 1949.
- 한국출판문화원, 『일본의 한국침략사료총서』 26, 1990.
- 화사 이관구기념사업회, 『언행록』, 2003.
- 허은, 『아직도 내 귀엔 서간도 바람소리가』, 정우사, 1995.

단행본

- 권대웅, 『1910년대 경상도지방의 독립운동단체 연구』, 영남대학교박사학위 논문, 1993.
- 권대웅, 『1910년대 국내독립운동』, 한국독립운동사연구소, 2007.
- 김명섭, 『자유를 위해 투쟁한 아나키스트 이회영』, 역사공간, 2008.
- 김상기, 『한말의병연구』, 일조각, 1997.
- 김준엽·김창순, 『한국공산주의운동사』 1~4, 청계연구소.
- 김희곤, 『안동사람들의 항일투쟁』, 지식산업사, 2007.
- 김희곤, 『만주벌호랑이 김동삼』, 지식산업사, 2009.
- 문선희, 『오직 구국의 열정으로 하나 된 광복회 총사령 고헌박상진』, 고헌 박상진의사추모사업회, 2009.

- 박걸순, 『시대의 선각자 혁신유림 류인식』, 지식산업사, 2009.
- 박영석, 『한민족독립운동동사연구』, 일조각, 1982.
- 박영석, 『일제하독립운동사연구』, 일조각, 1984.
- 박영석, 『재만한인독립운동사연구』, 일조각, 1988.
- 박중훈, 『이루지 못한 혁명의 꿈』, 고헌박상진의사추모사업회.
- 박환, 『만주한인민족운동사연구』, 일조각, 1997.
- 박환, 『김좌진 평전』, 선인, 2010.
- 반병률, 『1920년대 전반 만주·러시아지역 항일무장투쟁』, 한국독립운동사연구소, 2009.
- 서인한, 『대한제국의 군사제도』, 혜안, 2000.
- 서정주, 『김좌진장군전』, 을유문화사, 1948.
- 서중석, 『신흥무관학교와 망명자들』, 역사비평사, 2001.
- 신용하, 『한국민족독립운동사연구』, 을유문화사, 1985.
- 신용하, 『한국근대민족운동사연구』, 일조각, 1988.
- 신주백, 『만주지역한인의 민족운동사(1920~45)』, 아세아문화사, 1999.
- 윤병석, 『백야김좌진』, 태극출판사, 1976.
- 윤병석, 『독립군사』, 지식산업사, 1990.
- 윤병석, 『근대한국민족운동의 사조』, 집문당, 1996.
- 윤병석, 『국외한인사회와 민족운동』, 일조각, 1997.
- 윤병석, 『간도역사의 연구』, 국학자료원, 2003.
- 이성우, 『광복회연구』, 충남대박사학위논문, 2007.
- 이호룡, 『아나키스트들의 민족해방운동』, 한국독립운동사연구소, 2008.
- 임경석, 『한국사회주의의 기원』, 역사비평사, 2003.
- 장세윤, 『봉오동 청산리전투의 영웅 홍범도의 독립전쟁』, 역사공간, 2007.
- 전옥진, 『대한독립군 총사령관 백야 김좌진장군전기』, 홍성군, 2001.
- 조동걸, 『한국민족주의의 성립과 독립운동사연구』, 지식산업사, 1989.
- 조동걸, 『한국민족주의의 발전과 독립운동사연구』, 지식산업사, 1993.

• 채영국, 『한민족의 만주독립운동과 정의부』, 국학자료원, 2000.
• 채영국, 『1920년대 후반 만주지역항일투쟁』, 한국독립운동사연구소, 2007.
• 채영국, 『서간도독립군의 개척자 이상룡의 독립정신』, 역사공간, 2007.
• 한국독립유공자협회, 『중국동북지역 한국독립운동사』, 집문당, 1997.
• 한시준, 『대한제국군에서 한국광복군까지 황학수의 독립운동』, 역사공간, 2006.
• 황민호, 『재만한인사회와 민족운동』, 국학자료원, 1998.

논문

• 강영심, 「조선국권회복단의 결성과 활동」, 『한국독립운동사연구』 4, 한국독립운동사연구소, 1990.
• 권대웅, 「일제하 항일독립운동단체 「민단조합」, 『한국학보』 74, 일지사, 1994.
• 권대웅, 「조선국권회복단연구」, 『민족문화논총』 9, 영남대민족문화연구소, 1988.
• 김상기, 「한말 사립학교의 교육이념과 신교육구국운동」, 『청계사학』 1, 한국정신문화연구원, 1984.
• 김상기, 「김복한의 학통과 사상」, 『한국사연구』 88, 한국사연구회, 1995.
• 김상기, 「한말 일제하 내포지역 기호학맥의 형성」, 『한국사상사학』 22, 한국사상사학회, 2004.
• 김상기, 「한말 일제하 홍성지역 유림의 형성과 항일민족운동」, 『한국근현대사연구』 31, 한국근현대사학회, 2004.
• 김상기, 「1906년 홍주의병의 홍주성 전투」, 『한국근현대사연구』 37, 한국근현대사학회, 2006.
• 김춘선, 「발로 쓴 청산리전쟁의 역사적 진실」, 『역사비평』 가을호, 역사비평사, 2000.
• 김형목, 「기호흥학회 충남지방 지회 활동과 성격」, 『중앙사론』 15, 중앙사학

연구회, 2001.
- 김형목, 「한말홍성지역 근대교육운동의 성격」, 『경기사학』 9, 경기사학회, 2005.
- 김희곤, 「동산 유인식의 생애와 독립운동」, 『한국근현대사연구』 7, 한국근현대사연구회, 1997.
- 김희곤, 「항주 유림의 독립운동」, 『한국근현대사연구』 18, 한국근현대사학회, 2001.
- 박걸순, 「대한통의부 연구」, 『한국독립운동사연구』 4, 한국독립운동사연구소, 1990.
- 박영석, 「대한광복회연구—박상진제문을 중심으로」, 『한국민족운동사연구』 1, 1986.
- 박영석, 「백야 김좌진장군 연구」, 『국사관논총』 51, 국사편찬위원회, 1994.
- 박중훈, 「고헌 박상진의 생애와 항일투쟁활동」, 『국학연구』 6, 국학연구원, 2001.
- 박창욱, 「김좌진장군의 신화를 깬다」, 『역사비평』 24, 역사비평사, 1994.
- 박환, 「신민부에 대한 일고찰」, 『역사학보』 108, 역사학회, 1985.
- 박환, 「대한광복회에 관한 새로운 사료 『의용실기』」, 『한국학보』 44, 1986.
- 박환, 「한족총연합회의 결성과 활동」, 『한국사연구』 52, 한국사연구회, 1986.
- 박환, 「북로군정서의 성립과 활동」, 『국사관논총』 11, 국사편찬위원회, 1990.
- 박환, 「김좌진장군의 항일독립운동 성격과 역할」, 『군사』 46, 군사편찬연구소, 2002.
- 손춘일, 「청산리전역 직전 반일무장단체의 근거지 이동에 대하여」, 『한국민족운동사연구』 26, 한국민족운동사학회, 2000.
- 신주백, 「1920년 직후 재만한인 민족주의자의 민족현실에 대한 인식의 변화」, 『한국사연구』 111, 한국사연구회, 2000.

- 윤병석, 「참의, 정의, 신민부 설립과정」, 『백산학보』 7, 백산학회, 1969.
- 이강훈, 「김좌진 장군의 생애」, 『나라사랑』 41, 외솔회, 1981.
- 이동언, 「서일의 생애와 항일무장투쟁」, 『한국독립운동사연구』 38, 한국독립운동사연구소, 2011.
- 이성우, 「대한광복회 충청도지부의 결성과 활동」, 『한국근현대사연구』 12, 한국근현대사학회, 2000.
- 이성우, 「대한광복회 만주본부의 설치와 활동」, 『호서사학』 34, 호서사학회, 2003.
- 이성우, 「백야 김좌진의 국내민족운동」, 『호서사학』 44, 호서사학회, 2006.
- 이성우, 「광복회 명칭과 성격에 대한 검토」, 『한국근현대사연구』 41, 한국근현대사학회, 2007.
- 이현희, 「김좌진의 항일독립사사상」, 『나라사랑』 41, 외솔회, 1981.
- 조동걸,「대한광복회의 결성과 그 선행조직」, 『한국학논총』 5, 국민대학교, 1982.
- 조동걸, 「대한광복회연구」, 『한국사연구』 42, 한국사연구회, 1983.
- 조준희, 「대한광복회 평안도지부장 경재 조현균(설림)」, 『한국민족운동사연구』 24, 한국민족운동사연구회, 2000.
- 채영국, 「경신참변(1920년)후 독립군의 재기와 항전」, 『한국독립운동사연구』 7, 한국독립운동사연구소, 1993.
- 채영국, 「1920년대 중반 남만지역 독립군단의 정비와 활동」, 『한국독립운동사연구』 8, 1994.
- 채영국, 「1920년대 중후기 중일합동의 재만한인 탄압과 대응」, 『한국독립운동사연구』 11, 한국독립운동사연구소, 1997.
- 홍영기, 「1910년대 전남지역의 항일비밀결사」, 『전남사학』 19, 전남사학회, 2002.
- 황민호, 「만주지역 민족유일당운동에 관한 연구」, 『숭실사학』 5, 숭실대사학회, 1988.

찾아보기

ㄴ

ㄷ

ㄹ

ㅁ

ㅂ

ㅅ

ㅇ

ㅈ

ㅊ

ㅌ

ㅍ

ㅎ

만주 항일무장투쟁의 신화 김좌진

1판 1쇄 인쇄 2011년 12월 25일
1판 2쇄 발행 2022년 8월 15일

글쓴이 이성우
기 획 독립기념관 한국독립운동사연구소
펴낸이 주혜숙
펴낸곳 역사공간
서울시 마포구 동교로19길 52-7 PS빌딩 4층
전화 : 02-725-8806, 팩스 : 02-725-8801
E-mail: jhs8807@hanmail.net
등록 2003년 7월 22일 제6-510호
ISBN 978-89-90848-90-1 03900